# AZHARY QAIDAH

## Qur'an Reading Teacher

# القَاعِدَةُ الأَزْهَرِيَّةُ

## لتعليم القَراءة القُرآنيَّة


إعداد

نخبة من أئمة الأزهر الشريف

دار أَزْهَري للطباعة والنشر

INFO@AZHARY.ORG

# AZHARY PRESS

## Birmingham, United Kingdom

Azhary Press is a department of Azhary Organisation. It cultivates the Organisation's objective of distinction in research, authorship, scholarship, and education by publishing worldwide. Azhary press is a trademark of Azhary organisation Ltd.

© **Azhary Press 2023**

First published in 2023

Printed in Great Britain

## THE AUTHORS

**Ammar El-Khatib, MSc.**
Islamic Finance & Education
Birmingham City University, UK

**Mahmoud Fawzy, B.Th.**
Fundamentals of religion School
Al-Azhar University, Egypt

**Mohammed Khattab, B.Sc.Ed.**
language Department, School of Education,
Al-Azhar University, Egypt

**Ayman Yacoub, Ph.D**
Forensic Linguist
Al-Azhar University-Oxford University
Birmingham University

### Thank You

We want to express our deepest gratitude to everyone involved in the publication of this book, with whom we have had the privilege of working. Special thanks go to:

Fatma Aly          Hala Elkheyouty
Iman Elshennawy    Doaa Mohammed

We are extremely thankful to:
Dr. Mohammed Kahela
for his valuable input and guidance.

### How to get in touch?

 **www.azhary.org**

 **info@azhary.org**

 **Azhary Organisation**

 **(+44)744-214-9581**

ISBN 978-191651000-5

بسم الله الرحمن الرحيم

# وَقُل رَّبِّ زِدْنِي عِلْمًا

AND SAY O'MY LORD INCREASE MY KNOWLEDGE

TAHA (114)

**NAME :** ..............................................................

**School Name :** ..............................................................

**Teacher's Name :** ..............................................................

**Year :** ..............................................................

دار أزهري للنشر والتوزيع

بِسۡمِ ٱللَّهِ ٱلرَّحۡمَٰنِ ٱلرَّحِيمِ

الحمد للحميد، المبدئ المعيد، أوحى بالعربية خير كتبه وأرسل بها خيرة رسله، فبلغ رسالته على التحديد وجمع أمته على راية التوحيد. فاللهم صلِّ وسلم وبارك عليه وعلى آله إنك حميد مجيد.

وبعدُ، فهذا كتاب القاعدة الأزهريَّة، صُنِّف بيد أزاهرة مصرية لتعليم قراءة القرآن برسم المصاحف العثمانية، ليناسب مختلف الأعمار وشتَّى الأقطار .

ويتميز كتابنا ، على سبيل المثال لا الحصر ، بالآتي

- الالتزام بألفاظ القرآن وجذور مفرداته.
- إرشادات باللغتين العربيَّة والإنجليزيَّة صاغها لُغويُّون متخصصون.
- قواعد التجويد الأساسية التي لا يستغنى عنها في هذه المرحلة.
- ملفات صوتية لجميع تدريبات الكتاب وإرشاداته.
- تصاميم عصريّة ورسومات توضيحية منتقاة بعناية شكلًا ومضمونًا.
- تدريبات شاملة ومتنوعة لكل الدروس.
- ملحق مصوَّر لبعض مواضيع القرآن.
- تدريبات على الكتابة العربية لتعضيد القدرة على القراءة والتذكر.

لقد اعتمد منهاج الكتاب في تبويبه وترتيب فصوله ودروسه على الأصول العلمية للغة العربية وقواعدها، ورسم المصاحف العثمانية وضوابطها حتى يتسنى لدارسه سهولة القراءة من المصاحف العثمانية فور إتمامه دراسة كتابنا.

وقد جمع الكتاب بين دفتيه خبرات سنوات عديدة، ليخرج في حُلَّة بهيَّة فريدة، استقت أصولها من الأوائل لتكون همزة وصل بين الأصالة والمعاصرة، دون إفراط أو تفريط.

ولأنَّ الله أبى العصمة إلا لكتابه، فلسنا نزعم إصابة الحق محضا ولكنا رجوناه ممن علم الإنسان ما لم يعلم واللهَ نسأل أن يرزقنا الإخلاص وكتابَنا القبول والحمد لله رب العالمين.

All praise is due to Allah; and blessings and peace be upon His messanger and servant, Mohammad, and upon his family, companions, and whoever follows his guidance until the day of resurrection.

We present you today with valuable work; nectar of years of research and teaching experience, authored by an elite group of linguists, educationalists, and Qur'an specialists. We present you with Al-Qaedah Al-Azhareyyah, a book that teaches reading Qur'an following the Uthmani print norms and rules. It is designed to suit people from all walks of life all over the world.

### Here is some of what distinguishes our book!

- Using vocabulary and Arabic root words from Qur'an only.
- Instructions in Arabic & English by specialist scholars.
- Essential Tajweed rules simplified.
- Colourful modern designs and handpicked illustrations.
- Supplementary audio files for each page with QR codes.
- A variety of comprehensive exercises on all units.
- Illustrated glossary for some Qur'anic topics.
- Arabic writing exercises.

Our book follows well-established language teaching methodologies and its sections and lessons are organised to provide both students and teachers with the best possible user experience. Allah has decreed that perfection belongs to Him alone, and we ask him to bless our efforts and forgive any shortcomings as indeed he is Omnipotent and Benevolent.

### 5th Unit

- The attaching & the detaching Hamzah, and how to start with an attaching Hamzah.
- The definite article ال including sun & moon letters.
- Stopping at the tied Taa versus the open one.

Students shouldn't proceed to the next stop unless they can correctly decide on the short vowel when reading an attaching Hamzah.

### 6th Unit

- Rules of Noon Sakinah & Tanween.
- Rules of Meem Sakinah.
- Attached, detached, and Madd Lazim.

Dear teacher, we are almost at our final destination and students should be able to read Qur'an with the correct Tajweed.

### 7th Unit

- Uthmani Qur'an script signs explanation.
- Qur'an script tracing & illustrated Quranic glossary.

Our valued teacher, now we conclude our 1st journey and students should adhere to stop/start signs before they embark on their journey of reading from The Holy Qur'an.

Dear teacher,

Believing in the sacredness of your message and the honourable role you play, no effort was spared in researching, compiling, and designing this book. We highly recommend using our QR codes to access the audio files. You can also visit Azhary organisation website for more supporting material and updates.

# How To Use Our Book

Our valued teachers,

We present you with a map to help you navigate our book and achieve maximum benefit.

Our book "Azhary Qaidah" consists of 7 units that cover the following:

### 1st Unit

- Reading & writing the alphabet.
- Letter forms & the ways they attach.

Dear teacher, your students should not move to the next stop unless they can pronounce all letters correctly and distinguish them in their different forms.

### 2nd Unit

- Reading letters with short vowels.
- Examples with varied lengths and difficulty are provided.

Dear teacher, by the end of this unit, students should master breaking down words into syllables and transiting between soft and amplified letters.

### 3rd unit

- Long vowels and their importance.

Dear teacher, students must be able to apply the appropriate length to short and long vowels.

### 4th Unit

- Sukoon and its sub-categories like Qalqalah, Tanween, and Shaddah, and related rules.
- The Tafkheem and Tarqeeq of Raa Sakinah.

Students should pay attention to the pronunciation of the last letter in a word when they stop at it with Sukoon.

# دليل المعلم

عزيزي المعلم / المعلمة،

نقدم لك خريطة تصحبك في رحلتك عبر صفحات كتابنا لتنتفع به على أكمل وجه.

تتكون القاعدة الأزهرية من سبع وحدات يدرس الطالب فيها ما يلي:

## الوحدة الأولى

- الحروف العربية قراءةً وكتابةً مع بعض صفاتها كالتفخيم والترقيق.
- أشكال كتابة الحروف وطرق اتصالها ببعضها.

عزيزي المدرس، يجب أن لا يغادر الطالب هذه المحطة إلا وهو قادر على نطق الحروف نطقا سليما، وتمييزها مع اختلاف رسمها.

## الوحدة الثانية

- الحروف بالحركات الثلاث القصيرة والمعروفة بالتشكيل وقد صممنا هذه الوحدة بتدرج في طول الأمثلة حيث بدأناها بالحروف مفردة متبوعة بثنائيات ثم كلمات ثلاثية لتعينك على تبسيط القراءة للطلاب وتدريبه على سرعة القراءة.

عزيزي المدرس، بالانتهاء من هذه الوحدة يجب أن يتمكن الطالب من تقسيم الكلمة لمقاطع صوتية إلى جانب إتقان مهارة الانتقال بين المُرقق والمفخم بسلاسة ويسر.

## الوحدة الثالثة

- حروف المد الثلاثة وتسمى أيضا بالحركات الطويلة حيث سيدرس أشكالها المختلفة وأهميتها عند القراءة.

عزيزي المدرس، على الطالب أن يفرِّق بين المد والحركة ويضبط طول المد دون إفراط أو تفريط.

## الوحدة الرابعة

- السكون وتوابعه كالقلقلة والتنوين والشدَّة والأحكام المتعلقة بها.
- حالات الراء الساكنة من حيث التفخيم والترقيق واستثناءاتها.

عزيزي المدرس، على الطالب أن ينتبه جيدًا لكيفية نطق المفردات في هذه الوحدة حال الوقف على آخرها بالسكون.

## الوحدة الخامسة

- الفرق بين همزتي القطع والوصل، وضبط همزة الوصل عند البدء بها وحال وصلها، وما يستثنى من ذلك. وكذلك إذا سبقت بتنوين أو مد.
- ال التعريف وما يتعلق بها كاللام الشمسية واللام القمرية، وكذلك حكم لام اسم الجلالة "الله".
- الفرق بين التاء المربوطة والتاء المفتوحة وكيفية الوقف على التاء المربوطة.

عزيزي معلم الناس الخير، على طلابك ألا يُفارِقوا هذه المحطة قبل أن يُفَرّقوا بين اللام الشمسية واللام القمرية، وبين لام اسم الجلالة المرققة والمفخمة، ويُميّزوا أحوال همزة الوصل فتحًا وكسرًا وضمًّا.

## الوحدة السادسة

- أحكام النون الساكنة والتنوين.
- أحكام الميم الساكنة.
- المد المتصل والمنفصل واللازم.

عزيزي معلم الناس الخير، لقد اقتربنا من محطتنا الأخيرة وعلى الطالب الآن قراءة القرآن الكريم قراءة سليمة توافق أحكام التجويد.

## الوحدة السابعة

- علامات ضبط المصحف العثماني.
- ملحق كتابة منقوطة وقاموس مصور.

هنا ختام رحلتنا وعلى الطالب الالتزام بعلامات الوقف والتمييز بينها قبل أن يشرع في القراءة من المصحف الشريف خلال رحلته القادمة.

عزيزي معلم الناس الخير،

إيمانًا منا بشرف رسالتكم وعظم دوركم قدمنا لكم بعض الإرشادات الهامة التي تعينكم على تحقيق أعلى استفادة من كتابنا "القاعدة الأزهرية" وقد تم إعداد وتصميم هذا المنهاج وتعزيزه بالتقنيات الحديثة كروابط الاستماع حتى يستمتع الطالب بدراسته، وعلى المعلم أن يُسخِّر كل الوسائل المساعدة داخل الكتاب وعلى موقع مؤسسة أزهري لتذليل العملية التعليمية لطلابه، والله الموفق والمستعان.

# Arabic Alphabet
# الحـروف العـربـيـة

أ

ب ت ث

ج ح خ

د ذ ر ز

س ش ص ض

ط ظ ع غ

ف ق ك ل

م ن هـ و

ا ي

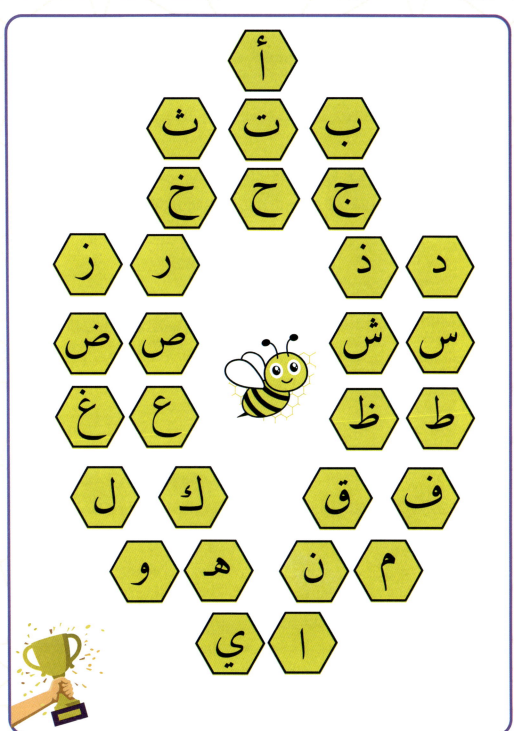

**Students should be able to read and distinguish unordered letters quickly.**

**الهدف من هذا التدريب سرعة إدراك الطالب للحروف وهي غير مرتبة وتمييزها.**

أ

خ ج

س أزهري ص

ز غ ث ع

ط ل ت ي

ض ظ ر غ

م ب ج ح

ص د ذ ع ث خ

ج ي ز ش

ط ظ ض و

ف ق ك ا

ض هـ ر ع ب ن

Interdental letters are produced by placing the tip of the tongue between the upper and lower front teeth.

## الحروف اللثوية

ث ذ ظ

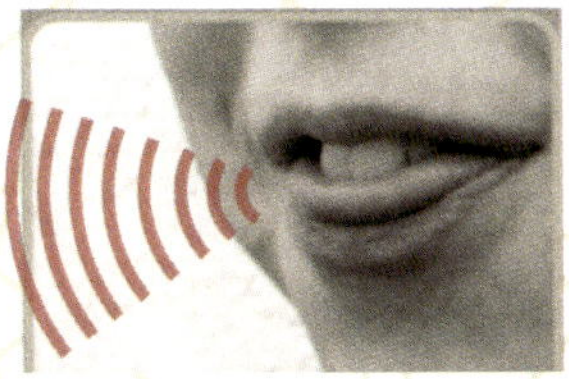

الحروف اللثوية هي التي تخرج من طرف اللسان مع أطراف الثنايا العليا، وهي ثلاثة: الثاء والذال والظاء.

## Amplified Letters
## الحروف المفخمة

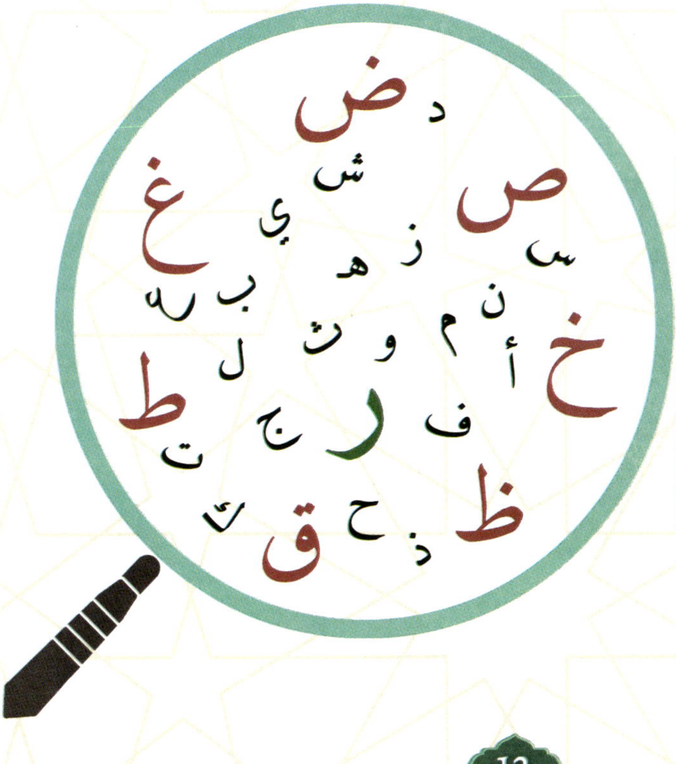

ض د
ص ش ي ز
غ غ
ن م ب ه
خ أ و ث ل
ف ج ر
ظ ذ ح ت
ق ك

**Don't round your lips!**

when pronouncing the amplified letters.

لا تضم شفتيك!

عند نطق هذ الحروف

[خ ص ض غ ط ق ظ]

07/10/23

## Circle the amplified letters
## ضع دائرة حول الأحرف المفخمة

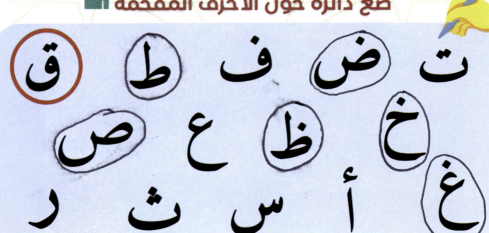

ت ض ف ط ق

خ ظ ع ص

غ أ س ث ر

## Circle the interdental letters
## ضع دائرة حول الأحرف اللثوية

ز ظ ط ن

ث ي ذ س

ء

أ إ ـئ ؤ ئ ـأ

ب

بـ ـبـ ـب

ت

تـ ـتـ ـت ـة

ث

ثـ ـثـ ـث

ج

جـ ـجـ ـج

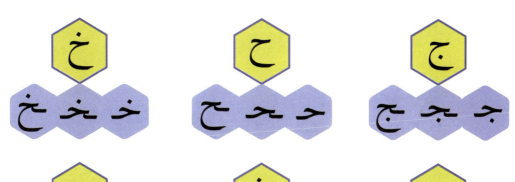

ح

حـ ـحـ ـح

خ

خـ ـخـ ـخ

د

د ـد ـد

ذ

ذ ـذ ـذ

ر

ر ـر ـر

ز

ز ـز ـز

س

سـ ـسـ ـس

ش

شـ ـشـ ـش

ص
صـ ـصـ ـص

ض
ضـ ـضـ ـض

ط
طـ ـطـ ـط

ظ
ظـ ـظـ ـظ

ع
عـ ـعـ ـع

غ
غـ ـغـ ـغ

ف
فـ ـفـ ـف

ق
قـ ـقـ ـق

ك
كـ ـكـ ـك

ل
لـ ـلـ ـل

م
مـ ـمـ ـم

ن
نـ ـنـ ـن

ه
هـ ه
ـهـ ـه
ـه

و
و ـو ـو

ا
ا ىٰ
ـا وٰ
ـٰـ

ي
يـ ـيـ ـي ے

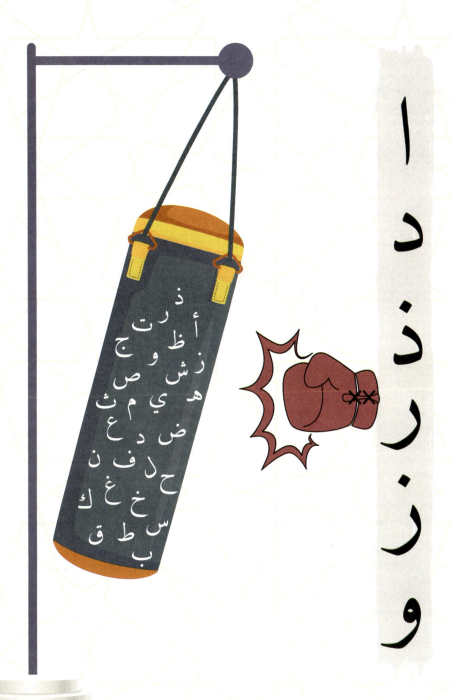

ا د ذ ر ز و

د
دع عد

ا
اب با

ر
رب بر

ذ
ذك كذ

و
ول لو

ز
زه هز

# Letters Tracing Exercise
## تـدريـب كتابـة الـحـروف

أ ب ت ث ج

ح خ د ذ ر

ز س ش ص ض

ط ظ ع غ ف

ق ك ل م ن

هـ و ا ي

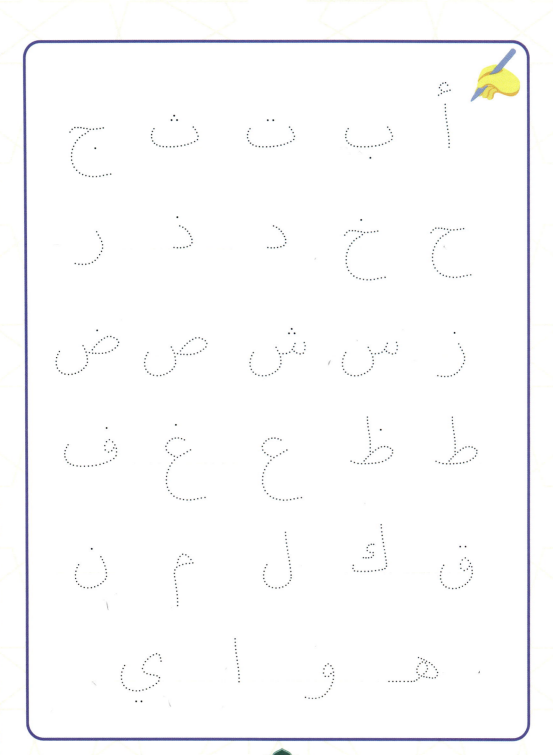

# Short Vowels
# الحـــركـــات

Short vowels are important in breaking down words into syllables as each vowel represents a syllable.

They also play a crucial role in understanding the correct meaning.

There are three short vowels in Arabic

(Fat-hah - Kasrah - Dammah)

الحركات تبين صوت الحرف وتعطيه مدًا قصيرًا، ولها أهمية كبيرة في تقسيم الكلمة إلى مقاطع حيث تعد كل حركة مقطع صوتي. **كما أن لها دور كبير للفهم السليم لمعنى الكلام وتسمى أيضا بالتشكيل.**

**ولها ثلاثة أشكال كما هو موضح أدناه.**

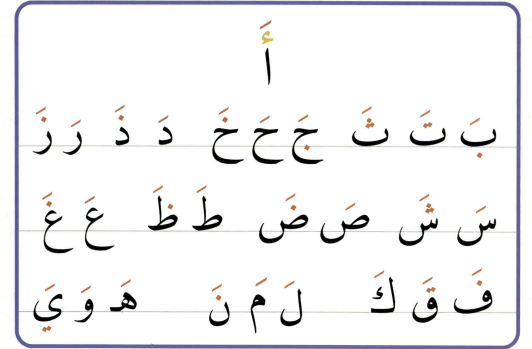

أَ

بَ تَ ثَ جَ حَ خَ دَ ذَ رَ زَ

سَ شَ صَ ضَ طَ ظَ عَ غَ

فَ قَ كَ لَ مَ نَ هَ وَ يَ

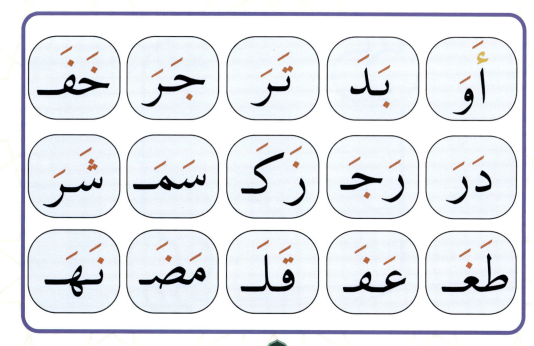

| | | | |
|---|---|---|---|
| خَفَ | جَرَ | تَرَ | بَدَ | أَوَ |
| شَرَ | سَمَ | زَكَ | رَجَ | دَرَ |
| نَهَ | مَضَ | قَلَ | عَفَ | طَغَ |

| | | |
|---|---|---|
| عَقَرَ | وَقَعَ | بَعَثَ |
| مَرَجَ | لَعَنَ | بَشَرَ |
| مَطَرَ | سَكَرَ | مَكَثَ |

| | | |
|---|---|---|
| فَرَضَ | رَفَثَ | فَصَلَ |
| كَفَرَ | وَهَبَ | وَضَعَ |
| دَخَلَ | وَجَدَ | سَجَدَ |

إِ

بِ تِ ثِ جِ حِ خِ دِ ذِ رِ زِ

سِ شِ صِ ضِ طِ ظِ عِ غِ

فِ قِ كِ لِ مِ نِ هِ وِ يِ

| | | | | |
|---|---|---|---|---|
| أَفِ | يَدِ | غَدِ | دَمِ | وَلِ |
| زَنِ | شَفِ | رَضِ | فَدِ | لِيَ |
| مَنِ | نَسِ | هِيَ | إِذَ | بِه |

| | | |
|---|---|---|
| خَسِرَ | فَهِمَ | رَكِبَ |
| شَفِقَ | فَزِعَ | كَذِبَ |
| عَنِبَ | عَوِجَ | طَبِقَ |

| | | |
|---|---|---|
| عَجِبَ | حَمِدَ | حَسِبَ |
| أَذِنَ | أَثِمَ | فَرِحَ |
| غَضِبَ | وَجِلَ | حَفِظَ |

21/00/23

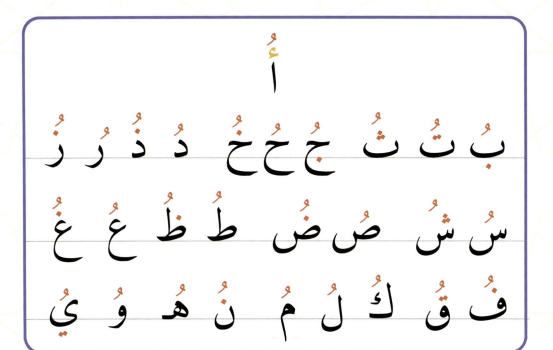

أُ

زُ رُ ذُ دُ خُ حُ جُ ثُ تُ بُ

غُ عُ ظُ طُ ضُ صُ شُ سُ

يُ وُ هُ نُ مُ لُ كُ قُ فُ

يُرْ شُقْ تُكُ يَدُ أُبْ

هُدْ تُقَ ضُحَ نُهَ سُدَ

قُضِ عُفِ دُعْ خُذْ كُلُ

| | | |
|---|---|---|
| رُسُلُ | نُزُلُ | أُذُنُ |
| عُمُرُ | ثُلُثُ | رُبُعُ |
| أُكُلُ | سُدُسُ | ثُمُنُ |

| | | |
|---|---|---|
| بُهُتَ | يَعِظُ | أُجُدُ |
| | fotiha | ho sho y bo |
| خُمُرُ | فُتِحَ | خُشُبُ |
| othee na | thoyee ra | nofeeha ja |
| أُذُنِ | ذُكِرَ | نُفِخَ |

أَ إِ أُ

بَ بِ بُ تَ تِ تُ ثَ ثِ ثُ

جَ جِ جُ حَ حِ حُ خَ خِ خُ

دَ دِ دُ ذَ ذِ ذُ رَ رِ رُ زَ زِ زُ

سَ سِ سُ شَ شِ شُ

صَ صِ صُ ضَ ضِ ضُ

طَ طِ طُ ظَ ظِ ظُ

عَ عِ عُ غَ غِ غُ

فَ فِ فُ قَ قِ قُ كَ كِ كُ

لَ لِ لُ مَ مِ مُ نَ نِ نُ

هَ هِ هُ وَ وِ وُ

يَ يِ يُ

| | | | |
|---|---|---|---|
| ط | قَنَطَ | ت | قَنَتَ |
| ض | مَرَضَ | د | مَرَدَ |
| ظ | نَظَرَ | ذ | نَذَرَ |
| ص | نَصَبَ | س | نَسَبَ |
| ق | نَقَرَ | ك | نَكَرَ |

| | | |
|---|---|---|
| نَصَرَ | بَسَرَ | بَصَرَ |
| كَسَدَ | قَصَدَ | فَسَدَ |
| قَطَفَ | تَرَفَ | طَرَفَ |

| | | |
|---|---|---|
| وَسَقَ | نَقَصَ | نَكَصَ |
| بَطَلَ | قَتَلَ | عَطَلَ |
| مَقَتَ | سَقَطَ | سَكَتَ |

| | | |
|---|---|---|
| حَظَرَ | حَذَرَ | نَظَرَ |
| نَتَقَ | نَطَقَ | فَتَقَ |
| عَضَلَ | عَدَلَ | خَذَلَ |

| | ذ ر ء | ف ئ ة | ن ب ء |
|---|---|---|---|
| أ | أَذَرُ | فِئَةٌ | نَبَأ |
| ب | بَلَدَ | عَبَسَ | كُتُبُ |
| | ب ل د | ع ب س | ك ت ب |
| ت | تَلِدُ | قَتَلَ | عَنَتَ |
| | ت ل د | ق ت ل | ع ن ت |
| ث | ثُقِفَ | عُثِرَ | نَرِثُ |
| | ث ق ف | ع ث ر | ن ر ث |
| ج | جَمَعَ | يَجِدُ | حَرِجُ |
| | ج م ع | ي ج د | ح ر ج |
| ح | حَضَرَ | رَحِمَ | نَكَحَ |
| | ح ض ر | م ح ر | ن ك ح |
| خ | خُلِقَ | سَخِرَ | سَلَخَ |
| | خ ل ق | س خ ر | س ل خ |

| | د ف ع | ق د م | ء ح د |
|---|---|---|---|
| **د** | دَفَع | قَدَم | أَحَدُ |

| | ذ ه ب | ي ذ ر | ن ف ذ |
|---|---|---|---|
| **ذ** | ذَهَب | يَذَر | نَفَذ |

| | ر ض ي | ف ط ر | س ف ر |
|---|---|---|---|
| **ر** | رَضِيَ | فَطَر | سَفَرَ |

| | ز ع م | ن ز ل | و ك ز |
|---|---|---|---|
| **ز** | زَعَمَ | نَزَل | وَكَزَ |

| | س ف ه | ن س ي | ق د س |
|---|---|---|---|
| **س** | سَفِهَ | نَسِيَ | قُدُس |

| | ش ه د | ح ش ر | ب ط ش |
|---|---|---|---|
| **ش** | شَهدَ | حُشِرَ | بَطِشَ |

| | ص ل ح | ح ص ر | ق ص ص |
|---|---|---|---|
| **ص** | صَلَحَ | حَصِرَ | قَصَص |

| ض ع ف | ع ض ي | ع ر ض |
|:---:|:---:|:---:|
| ضَعُفَ | يَضَعُ | عَرَضَ |

| ط م س | ب ط ر | ب س ط |
|:---:|:---:|:---:|
| طَمَسَ | بَطِرَ | بَسَطَ |

| ظ ل م | ك ظ م | ح ف ظ |
|:---:|:---:|:---:|
| ظُلِمَ | كَظَمَ | حَفِظَ |

| ع هـ د | ي ع د | س م ع |
|:---:|:---:|:---:|
| عَهِدَ | يَعدُ | سَمِعَ |

| غ ف ر | ر غ د | ن ز غ |
|:---:|:---:|:---:|
| غَفَرَ | رَغَدَ | نَزَغَ |

| ن ت ف | ت ف ث | ص ر ف |
|:---:|:---:|:---:|
| فَتَنَ | تَفَثَ | صُرِفَ |

| ق ض ي | ث ق ل | و ر ق |
|:---:|:---:|:---:|
| قُضِىَ | ثَقُلَ | وَرَقِ |

ض

ط

ظ

ع

غ

ف

ق

| | | |
|---|---|---|
| **ك** | ك س ب<br>كَسَبَ | س ك ن<br>سَكَنَ | م ل ك<br>مَلَكَ |
| **ل** | ل ع ن<br>لُعِنَ | س ل ق<br>سَلَقَ | ب ص ل<br>بَصَلِ |
| **م** | م ع ي<br>مَعِى | ع م ل<br>عَمِلَ | م ل ع<br>عَلِمَ |
| **ن** | ن ف ر<br>نَفَرَ | ج ن ح<br>جَنَحَ | ح س ن<br>حَسُنَ |
| **ه** | ه د ي<br>هُدى | ن ه ي<br>نُهِى | ف ك ه<br>فَكِه |
| **و** | و ر د<br>وَرَدَ | ط و ي<br>طُوِى | ف ه و<br>فَهُوَ |
| **ي** | ي ذ ر<br>يَذُرُ | ش ي ة<br>شِيةَ | ل ه ي<br>لَهِى |

| ق ر ء | ظ ف ر | ك ب ت |
|---|---|---|
| قُرِئَ | ظُفُرِ | كُبِتَ |

| ر ج ل | ج م ل | و ه ن |
|---|---|---|
| رَجُلِ | جَمَلُ | وَهَنَ |

| ك ب ر | ء ث ر | ت ز ر |
|---|---|---|
| كَبُرَ | أَثَرَ | تَزرُ |

| ق ب ل | خ ل ت | ب ق ي |
|---|---|---|
| قِبَلَ | خَلَتِ | بَقِى |

| غ س ق | ح ل ق | ي د ي |
|---|---|---|
| غسَقِ | حَلَقَ | يَدِى |

| غ ن م | ب ص ر | ي ه ن |
|---|---|---|
| غنَمُ | بَصُرَ | يُهِن |

| ف ل ه | ص ف ح | ض ر ب |
|---|---|---|
| فَلَهُ | صَفَحَ | ضُرِبَ |

| و ل ي | ب خ ل | ء ر م |
|---|---|---|
| وَلَى | بَخِلَ | إِرَمَ |

| ع ق ل | ل ق ي | ع ظ م |
|---|---|---|
| عَقِلَ | لَقِى | عَظُمَ |

| ء ف ك | س ر ر | ص ح ف |
|---|---|---|
| أُفِكَ | سُرُر | صُحُفِ |

| ت ص ف | ب غ ي | ح ص ب |
|---|---|---|
| تَصِفُ | بُغِى | حَصِبُ |

| ذ ب ح | ح ط ب | س خ ط |
|---|---|---|
| ذُبِحَ | حَطِبُ | سَخِطَ |

35

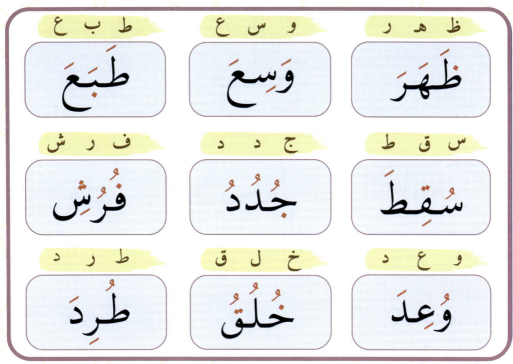

ظ ه ر
ظَهَرَ

و س ع
وَسِعَ

ط ب ع
طَبَعَ

س ق ط
سُقِطَ

ج د د
جُدُدُ

ف ر ش
فُرُشِ

و ع د
وُعِدَ

خ ل ق
خُلُقُ

ط ر د
طُرِدَ

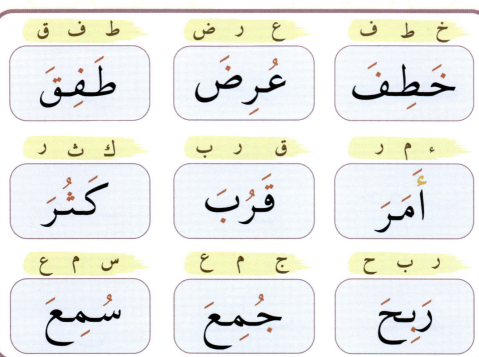

خ ط ف
خَطِفَ

ع ر ض
عُرِضَ

ط ف ق
طَفِقَ

ء م ر
أَمَرَ

ق ر ب
قَرُبَ

ك ث ر
كَثُرَ

ر ب ح
رَبِحَ

ج م ع
جُمِعَ

س م ع
سُمِعَ

# Short Vowels Exercises
# تدريبات على الحركات

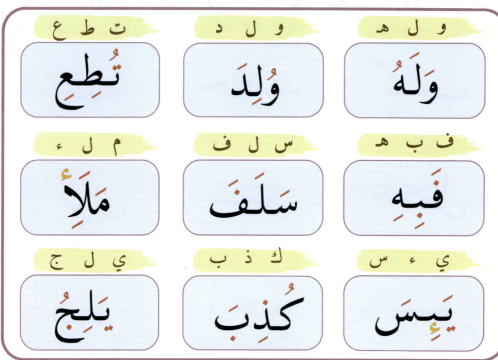

| | | |
|---|---|---|
| و ل هـ | و ل د | ت ط ع |
| وَلَهُ | وُلِدَ | تُطِعِ |
| ف ب هـ | س ل ف | م ل ء |
| فَبِهِ | سَلَفَ | مَلِأَ |
| ي ء س | ك ذ ب | ي ل ج |
| يَئِسَ | كُذِبَ | يَلِجُ |

| | | |
|---|---|---|
| ف ل م | ي ت ر | ت ج د |
| فَلِمَ | يَتِرَ | تَجِدُ |
| ط م ع | ش ر ب | ل هـ م |
| طَمِعَ | شَرِبَ | لَهُمُ |
| ت ل ى | ك ش ف | ج هـ ر |
| تُلِىَ | كُشِفَ | جَهَرَ |

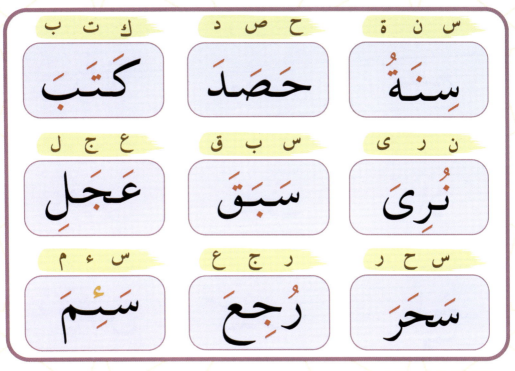

| | | |
|---|---|---|
| س ن ة<br>سِنَةُ | ح ص د<br>حَصَدَ | ك ت ب<br>كَتَبَ |
| ن ر ى<br>نُرِىَ | س ب ق<br>سَبَقَ | ع ج ل<br>عَجَلِ |
| س ح ر<br>سَحَرَ | ر ج ع<br>رُجِعَ | س ء م<br>سَئِمَ |

| | | |
|---|---|---|
| ش ج ر<br>شَجَرَ | و ك ل<br>وَكَلَ | م ع ك<br>مَعَكَ |
| ء م ر<br>أُمِرَ | د ع ي<br>دُعِىَ | ف ق ه<br>فَقِهَ |
| ر ف ع<br>رَفَعَ | ح ق ب<br>حُقُبَ | ء ش ر<br>أَشِرُ |

| | | |
|---|---|---|
| ف ر ح | ن ك ح | ص ع ق |
| فَرِحَ | نُكِحَ | صَعِقَ |
| ن ك ث | ء ز ف | ك ر ه |
| نُكِثَ | أَزِفَ | كَرِهَ |
| ر ت ق | ن ق ر | س ر ب |
| رَتَقَ | نُقِرَ | سَرَبَ |

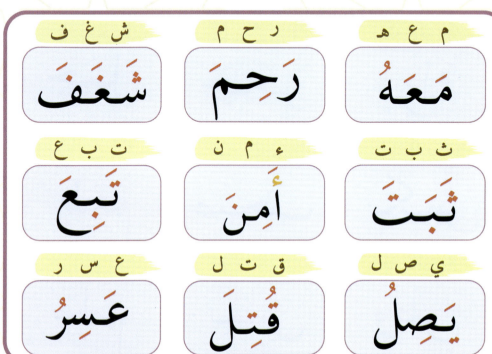

| | | |
|---|---|---|
| م ع ه | ر ح م | ش غ ف |
| مَعَهُ | رَحِمَ | شَغَفَ |
| ث ب ت | ء م ن | ت ب ع |
| ثَبَتَ | أَمِنَ | تَبِعَ |
| ي ص ل | ق ت ل | ع س ر |
| يَصِلُ | قُتِلَ | عَسِرُ |

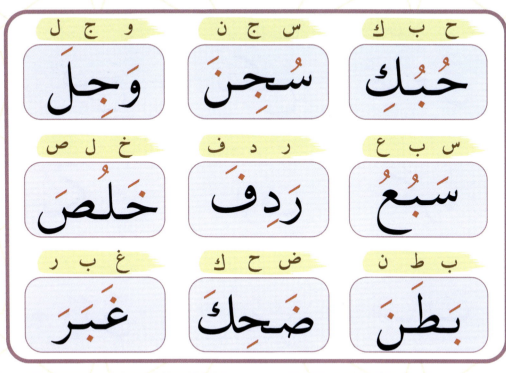

| | | |
|---|---|---|
| ح ب ك | س ج ن | و ج ل |
| حُبُكِ | سُجِنَ | وَجِلَ |
| س ب ع | ر د ف | خ ل ص |
| سَبُعُ | رَدِفَ | خَلُصَ |
| ب ط ن | ض ح ك | غ ب ر |
| بَطَنَ | ضَحِكَ | غَبَرَ |

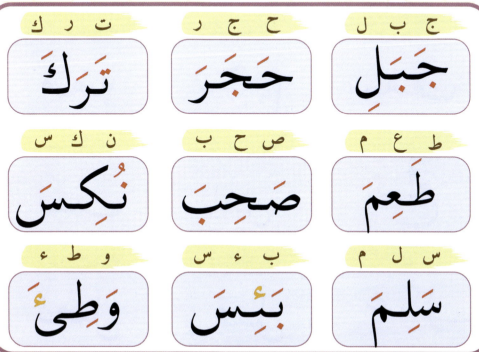

| | | |
|---|---|---|
| ج ب ل | ح ج ر | ت ر ك |
| جَبَلِ | حَجَرَ | تَرَكَ |
| ط ع م | ص ح ب | ن ك س |
| طَعِمَ | صَحِبَ | نُكِسَ |
| س ل م | ب ء س | و ط ء |
| سَلِمَ | بَئِسَ | وَطِئَ |

| | | |
|---|---|---|
| غَرِقَ | رُطَبَ | هُزُوَ |
| خَشِيَ | نَقَضَ | بَرِحَ |
| تَرَنِ | عَدَسِ | فَرِيَ |

| | | |
|---|---|---|
| زُبُرَ | رَغِبَ | قَنِطَ |
| قَسَمَ | حَزَنَ | جُدُرِ |
| لِغَدِ | لَمِنَ | عَمَدِ |

| | | |
|---|---|---|
| مَكَرَ | حَمِئَ | صَدَفَ |
| ذُلُلَ | سَرِيَ | خَفِيَ |
| قِيَمَ | رَشَدَ | طَلَعَ |

| | | |
|---|---|---|
| بَرَزَ | عَدَدَ | سَبَبَ |
| مَثَلُ | عُنُقِ | نَصَبُ |
| غَضَبُ | فَمِنَ | قُبُلِ |

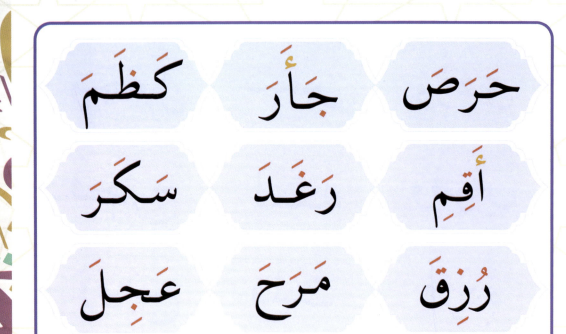

# Short Vowels Exercises
# تدريبات على الحركات

| | | |
|---|---|---|
| حَرَصَ | جَأَرَ | كَظَمَ |
| أَقِمِ | رَغَدَ | سَكَرَ |
| رُزِقَ | مَرَحَ | عَجِلَ |

| | | |
|---|---|---|
| تَرِدِ | زَبَدُ | دُبُرِ |
| وُجِدَ | شِيَعِ | نَدِمَ |
| قُضِيَ | سُبُلَ | بُلِيَ |

وَجَعَلَ بِثَمَنِ وَرَهَقَ

فَخَرَجَ لَنَفِدَ وَفُرُشِ

وَوُضِعَ فَلَبِثَ قِرَدَةِ

وَنُفِخَ أَعِظُكَ نَبَذَهُ

فَخَلَفَ تَبِعَكَ فَوَجَدَ

فَنَسِيَ وَنَضَعُ عُنُقِكَ

| | | |
|---|---|---|
| وَخَتَمَ | فَوَهَبَ | جَعَلَهُ |
| قَدَرُهُ | عَقِبِهِ | عَمَلَهُ |
| وَرَثَةِ | عَشَرَةِ | فَقُطِعَ |

| | | |
|---|---|---|
| لَنُبِذَ | لَخَسَفَ | لَحَبِطَ |
| بِنَهَرٍ | ظَلَمَكَ | رُسُلِكَ |
| لَعَلِمَهُ | وَجُمِعَ | وَحُمِلَ |

| | | |
|---|---|---|
| وَعَنَتْ | سَحَرَةٌ | مَنَعَكَ |
| وَنَذَرُ | خَلَقَكَ | ذَكَرَهُ |
| وَوُرِثَ | فَلَبِثَ | وَأُخَرُ |

| | | |
|---|---|---|
| لِيَذَرَ | وَرَضِىَ | حَفَدَةَ |
| فَنُزُلُ | بِيَدِهِ | فَعَلَهُ |
| وَلَقَدِ | غُلِبَتْ | لَعَنَهُ |

فَلَكُمْ    وَبَلَغَ    بِقَبَسٍ

فَعَمِىَ    مَعَكُمْ    وَقَذَفَ

حَسَنَةٌ    عَضُدَكَ    سَفَرَةٍ

رَقَبَةٍ    دُبُرَهُ    فَطُبِعَ

وَتَضَعُ    فَفَسَقَ    رَحِمَهُ

فَمَكَثَ    أَجَلَهُ    لَفَرِحٌ

| | |
|---|---|
| صَرَفكُمْ | لَعَنَهُمْ |
| سَبَقَكُمْ | أَحَدَكُمْ |
| عَرَضَهُمْ | أَمَرَكُمْ |

| | |
|---|---|
| لِنُرِيَكَ | لَفَسَدَتْ |
| خِيَرَةٌ | سَنَسِمُهُ |
| خَلَقَكُمْ | فَسَلَكَهُ |

| | |
|---|---|
| وَكَلِمَةٌ | فَبَصَرُكَ |
| فَعَدَلَكَ | لِيُرِيَهُ |
| يَعِظُكُمْ | أَفَحَسِبَ |

| | |
|---|---|
| وَكُتُبِهِ | وَرُسُلِهِ |
| وَثُلُثُهُ | وَفُتِحَتِ |
| صُوَرَكُمْ | وَتَرَكَهُمْ |

| | |
|---|---|
| فَصَدَقُكُمُ | فَعَرَفَهُمُ |
| وَرَجِلِكَ | فَهَزَمَهُمُ |
| فَوَكَزَهُ | بِوَرِقِكُمُ |

| | |
|---|---|
| وَكَلِمَتُهُ | وَرَزَقَكُمُ |
| فَأَخَذَهُمُ | أَيَعِدُكُمُ |
| لَعَمِلَكُمُ | لَجَعَلَهُمُ |

| | |
|---|---|
| وَرَضِيَ لَهُ | وَدَخَلَ مَعَهُ |
| بَرِقَ وَخَسَفَ | عَبَسَ وَبَسَرَ |
| أَحَدَ عَشَرَ | وَجُمِعَ فَحُشِرَ |

| | |
|---|---|
| بَلَغَ مَعَهُ | كَفَرَ فَطُبِعَ |
| وَنَزَعَ يَدَهُ | صَبَرَ وَغَفَرَ |
| تَجِدَ لَهُ | لِأَهَبَ لَكِ |

# Long Vowels
# حروف المد

**Prolongation:** stretching one of the 3 short vowels. It takes place in Alif following Fat-ha, Yaa following Kasrah, and Waw following Dammah.

**Madd helps students to break a word down into syllables.**

ا ي و

**المد :** إطالة صوت حركة أحرف المد الثلاثة وهي : الألف المفتوح ما قبلها والياء المكسور ما قبلها والواو المضموم ما قبلها.

**"يساعد المد في تقسيم الكلمة إلى مقاطع"**

**REMEMBER!**

Alif is amplified after an amplified letter & soft after a soft letter.

**"يفخم الألف إذا تبع حرفًا مفخمًا ويُرقق إذا تبع حرفًا مُرققًا"**

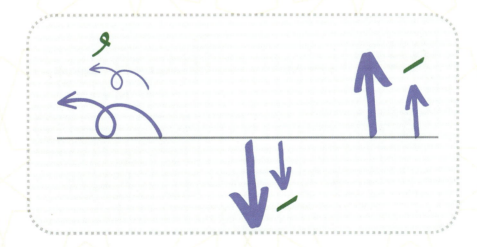

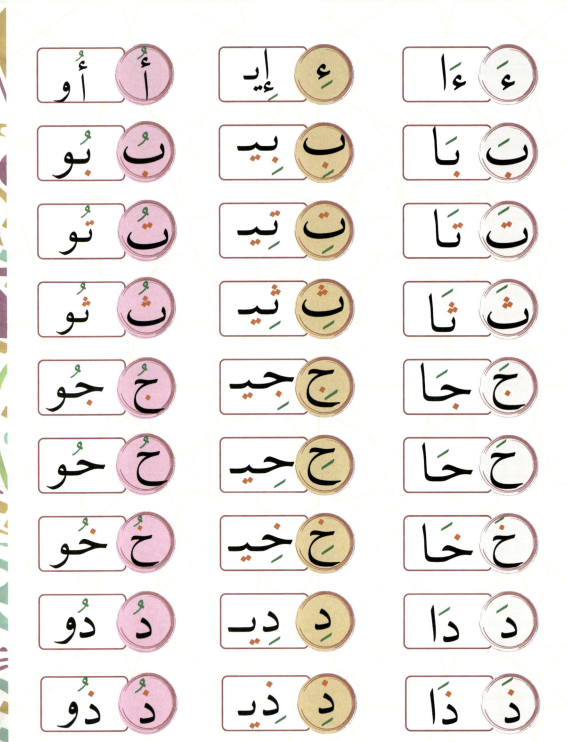

## Short & Long Vowels

## الحركات والـمـدود

| | | | | | |
|---|---|---|---|---|---|
| ءَ | ءَا | ءِ | إِيـ | أُ | أُو |
| بَ | بَا | بِ | بِيـ | بُ | بُو |
| تَ | تَا | تِ | تِيـ | تُ | تُو |
| ثَ | ثَا | ثِ | ثِيـ | ثُ | ثُو |
| جَ | جَا | جِ | جِيـ | جُ | جُو |
| حَ | حَا | حِ | حِيـ | حُ | حُو |
| خَ | خَا | خِ | خِيـ | خُ | خُو |
| دَ | دَا | دِ | دِيـ | دُ | دُو |
| ذَ | ذَا | ذِ | ذِيـ | ذُ | ذُو |

| | | |
|---|---|---|
| رُ رُو | رِ رِي | رَ رَا |
| رُ رُو | رِ رِي | رَ رَا |
| سُ سُو | سِ سِي | سَ سَا |
| شُ شُو | شِ شِي | شَ شَا |
| صُ صُو | صِ صِي | صَ صَا |
| ضُ ضُو | ضِ ضِي | ضَ ضَا |
| طُ طُو | طِ طِي | طَ طَا |
| ظُ ظُو | ظِ ظِي | ظَ ظَا |
| عُ عُو | عِ عِي | عَ عَا |
| عُ عُو | عِ عِي | عَ عَا |

# Short & Long Vowels
# الحركات والمدود

| | | | | | |
|---|---|---|---|---|---|
| فَ | فَا | فِ | فِي | فُ | فُو |
| قَ | قَا | قِ | قِي | قُ | قُو |
| كَ | كَا | كِ | كِي | كُ | كُو |
| لَ | لَا | لِ | لِي | لُ | لُو |
| مَ | مَا | مِ | مِي | مُ | مُو |
| نَ | نَا | نِ | نِي | نُ | نُو |
| هَ | هَا | هِ | هِي | هُ | هُو |
| وَ | وَا | وِ | وِي | وُ | وُو |
| يَ | يَا | يِ | يِي | يُ | يُو |

| | | |
|---|---|---|
| وَدُودُ | يَزِيدُ | خَالِقُ |
| وَقُودُ | يُرِيدُ | رَازِقُ |
| ثَمُودُ | يَكِيدُ | فَالِقُ |

| | | |
|---|---|---|
| بُرُوجُ | تَفِيضُ | مَعَاذَ |
| خُرُوجُ | تَحِيضُ | نَافَقَ |
| فُرُوجُ | تَغِيضُ | دَرَاهِمَ |

| | | |
|---|---|---|
| غَفُورُ | تُثِيرُ | تَاجَرَ |
| فُطُورِ | نَمِيرُ | تَنْزَعَ |
| وَطُورِ | يُجِيرُ | هَاجَرَ |

| | | |
|---|---|---|
| جُنُودُ | رَحِيمُ | شَارَكَ |
| ثَمُودُ | حَكِيمُ | سَاهَمَ |
| تَفُورُ | عَلِيمُ | قَاتَلَ |

| | | |
|---|---|---|
| حُصُونُ | كَبِيرُ | وَاعَدَ |
| ظُنُونَ | بَصِيرُ | عَهَدَ |
| بَنُونَ | خَبِيرُ | خَالَفَ |

| | | |
|---|---|---|
| عُوقِب | بَدِيعُ | جَهَدَ |
| قُوتِلَ | سَمِيعُ | بَاعَدَ |
| صُدُورُ | سَرِيعُ | فَارَقَ |

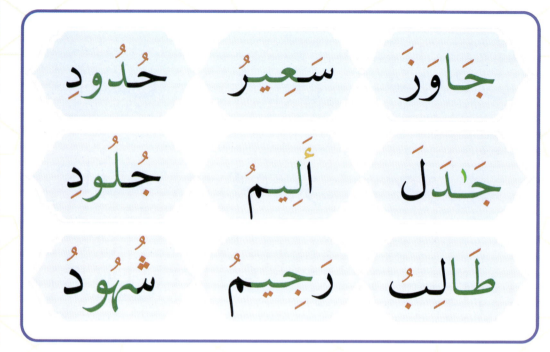

| | | |
|---|---|---|
| حُدُود | سَعِيرُ | جَاوَزَ |
| جُلُود | أَلِيمٌ | جَدَل |
| شُهُودُ | رَجِيمٌ | طَالِبُ |

| | | |
|---|---|---|
| فُجُورُ | نُعِيدُ | دَافِعَ |
| ثُبُورُ | نُرِيدُ | غَادَرَ |
| كَفُورُ | شَدِيدٌ | ظَهَرَ |

| | | |
|---|---|---|
| نَخُوضُ | فَرِيقٌ | أُثِبُ |
| عُيُونٌ | فَقِيرٌ | أَقَامَ |
| بُيُوتٌ | كَثِيرٌ | أَنَابَ |

| | | |
|---|---|---|
| وُجُوهُ | حَفِيظٌ | خَاصَمَ |
| رُؤُوسُ | نَصِيرٌ | فَتَيَانِ |
| قُلُوبُ | زَعِيمٌ | صُوَاعٌ |

| | | |
|---|---|---|
| نُورُ | وَقِيلَ | قَالَ |
| قُبُورُ | فِيهِ | كَانَ |
| تَمُورُ | أَخِيهِ | رَانَ |

| | | |
|---|---|---|
| جُذُوع | وَأَبِيهِ | ضَعُفَ |
| شَكُورُ | وَبَنِيهِ | حَارَبَ |
| بُورك | حَمِيرُ | مَتْعُ |

| | | |
|---|---|---|
| لِبَاسُ | مُلِيمُ | حَصُورَ |
| كَوَاعِبَ | حَسِيبَ | أُجُورَ |
| خَابَ | يُمِيتُ | جُرُوحَ |

| | | |
|---|---|---|
| تَابَ | يُذِيقَ | وَنَسُوقُ |
| قَابَ | سَبِيلَ | كَنُودُ |
| كَاتَبَ | شَهِيدُ | ذُنُوبِ |

| | | |
|---|---|---|
| وُورِيَ | مُجِيبُ | فَرَاغَ |
| نُودِى | قَدِيرُ | فِصَّلَهُ |
| عُوقِبَ | مَجِيدُ | تَبَارَكَ |

| | | |
|---|---|---|
| هُودُ | حَسِيبُ | أَءِذَا |
| جُوعِ | حَلِيمُ | فَأُرِيهِ |
| رُوحُ | كَرِيمُ | دَانِيَةٌ |

63

| | | |
|---|---|---|
| يُوَاخِذُ | حِيلَ | أَكُونَ |
| يُحَاسِبُ | دِينَ | يَقُومُ |
| بَنَاتِك | غِيضَ | يُوسُفُ |

| | | |
|---|---|---|
| خَتْمُهُ | سِنِينَ | أُوحِى |
| مَفَاتِحُ | تَمِيدَ | نُوحُ |
| مَسْجِدَ | عِضِينَ | لُوطُ |

| | | |
|---|---|---|
| أَمَاتَهُ | حَمِيدٌ | دَخَلُوهُ |
| طَعَامِهِ | وَسِيقَ | فُسُوقٌ |
| كِتَبَهُ | تَلِينُ | سُودُ |

| | | |
|---|---|---|
| بِطَارِدَ | حَرِيصٌ | خَصِمُونَ |
| رَوْاسِيَ | حَدِيثٌ | أُوتِىَ |
| مَغَانِمَ | عَزِيزٌ | نُودِىَ |

| | | |
|---|---|---|
| فَطَافَ | بِيَمِينِه | فَرِحُونَ |
| وَقَابِلِ | قَمِيصُهُ | رَسُولُ |
| عَذَابٌ | نُعِيدُهُ | قَنُوطٌ |

| | | |
|---|---|---|
| أَتَىكَ | عَظِيمٌ | ذُنُوبٌ |
| نَكَالَ | تَشِيعَ | أُلُوفٌ |
| ثَمَّنَى | رِيبَةً | فُسُوقٌ |

| | | |
|---|---|---|
| تُولِجُ | يُحِيطُ | تَرَاضَ |
| يَذَرُونَ | عِزِينَ | قَرَارِ |
| يَصِفُونَ | بَنِينَ | أَصَابَ |

| | | |
|---|---|---|
| قُوتِلَ | مَصِيرُ | وَابِلُ |
| يُونُسَ | وَتِينَ | جَامِعُ |
| يُوثِقُ | دِينِ | حِسَابُ |

| | | |
|---|---|---|
| مَحَٰرِيبَ | تَمَٰثِيلَ | يَقُولُونَ |
| سَٰبِقِينَ | هَٰلِكِينَ | تُوعِدُونَ |
| خَٰشِعِينَ | كَٰفِرُونَ | مُوفُونَ |

| | | |
|---|---|---|
| نَادَىٰهُ | عَٰكِفِينَ | يُوعُونَ |
| مَتَٰعِنَا | خَٰرِجِينَ | يُوقِنُونَ |
| دِيَٰرِنَا | لَحَٰفِظِينَ | يُوزَعُونَ |

# Long Vowels Exercises
## تدريبات على المدود

ضُحَٰهَا   زَٰهِدِينَ   صَٰبِرُونَ

طَحَٰهَا   عَٰمِلِينَ   غَٰلِبُونَ

دَحَٰهَا   بَنَاتِى   غَٰفِلُونَ

أَرَانِى   كَٰتِبِينَ   لَحَٰفِظُونَ

هُدَٰهَا   فَٰسِقِينَ   لَنَٰكِبُونَ

كَٰلِحُونَ   مَسَٰكِينَ   قَٰدِرُونَ

| | | |
|---|---|---|
| وَقَاسَمَهُمَا | مِيزَانَ | ظَلَمُونَا |
| مَعَاذِيرَهُ | مِيكَٰلَ | فَأَرُونِى |
| مُنَٰفِقُونَ | سِنِينَ | وَعَمَرُوهَا |

| | | |
|---|---|---|
| بَنَٰهَا | مِيثَٰقَ | أُوتِيتُهُ |
| ءَامِنُونَ | مُنِيبِينَ | مُوقِنُونَ |
| ءَامِرُونَ | مِيعَادُ | تُوصُونَ |

| | | |
|---|---|---|
| قَلَىٰ | سَجَىٰ | هَدَىٰ |
| أُولَىٰ | مُوسَىٰ | عِيسَىٰ |
| هَوَىٰ | غَوَىٰ | يُوحَىٰ |

| | | |
|---|---|---|
| طَغَىٰ | سَعَىٰ | يُرَىٰ |
| سَقَىٰ | أَبَىٰ | عَلَىٰ |
| نَادَىٰ | سَاوَىٰ | فَـَٔاوَىٰ |

# Long Vowels Forms in Qur'an
# رسم المد في القرآن

Long Vowels (ا و ي) are found in a minimised form in Qur'an.

A small Alif is written above "Alif Maqsourah" to distinguish it from Yaa as below

Waw and Yaa after the pronoun هـ (his/him) are written like this

لَهُۥ بَنِينَ

وَلَدِهِۦ وَلَا

عَلَىٰ

تُرسم **حروف المد** بشكل مصغر في بعض المواضع كما هو موضح أعلاه

تُرسم **الألف** مصغرة فوق الألف المقصورة لتمييزها عن الياء.
عَلَىٰ

تُرسم **الواو والياء** مصغرتين بعد هاء الكناية.
لَهُۥ - بِهِۦ (مد الصلة)

| | |
|---|---|
| لَهُۥ مِنَ | بِهِۦ لِسَانَكَ |
| مَالُهُۥ وَمَا | هَـٰذِهِۦ نَاقَةُ |
| لَهُۥ بَنِينَ | دُونِهِۦ بَلِ |

| | |
|---|---|
| مَعَاذِيرَهُۥ لَا | وَرَسُولِهِۦ فَإِذَا |
| نِعَمَهُۥ ظَاهِرَةً | بِجَانِبِهِۦ وَإِذَا |
| مَوَازِينُهُۥ فَهُوَ | رُوحِهِۦ وَجَعَلَ |

| | |
|---|---|
| يَعِظُهُۥ يَا | وَلَدِهِۦ وَلَا |
| يُعِيدُهُۥ وَهُوَ | عِبَادِهِۦ إِذَا |
| عِظَامَهُۥ بَلَىٰ | خِلَالِهِۦ فَإِذَا |

## Sukoon
### السكون

Sukoon is when a letter doesn't have any short vowels; Fatha, Kasrah, or Dammah.
Sukoon helps students to break a word down into syllables and helps speed up their reading.
Sukoon helps the students to reach the correct pronunciation.

**السكون** هو خلو الحرف من الحركات.
السكون يساعد الطالب في تقسيم الكلمة مما يحسّن سرعة القراءة.
(الساكن مع المتحرك قبله مقطع صوتي).
يتوصل بالسكون إلى المخرج الصحيح للحرف.

أَيْ + مَنْ = أَيْمَنْ

مُؤْ + مِنْ = مُؤْمِنْ

يَخْ + سِفْ = يَخْسِفْ

فَلْ + يُمْ + لِلْ = فَلْيُمْلِلْ

يَعْ + رِ + فُو + نَ + هُمْ = يَعْرِفُونَهُمْ

| | | |
|---|---|---|
| قُلْ | كَمْ | هَلْ |
| مَنْ | خُذْ | لَمْ |
| أَمْ | عَنْ | هُمْ |

| | | |
|---|---|---|
| فَقُلْ | أَلَمْ | لَكُمْ |
| فُلْكِ | بَعْدَ | مُلْكِ |
| حِزْبَ | تِلْكَ | قُلْتُ |

| | | |
|:---:|:---:|:---:|
| لَيْلَ | كَيْلَ | رَيْب |
| كَيْدَ | لَيْتَ | عَيْن |
| دَيْن | غَيْب | رَيْغُ |

| | | |
|:---:|:---:|:---:|
| لَوْح | خَوْف | يَوْم |
| فَوْجُ | رَوْح | قَوْلَ |
| مَوْجُ | لَوْن | حَوْلَ |

| | | |
|---|---|---|
| سَوْفَ | عَنْهُ | بِئْسَ |
| بَيْضُ | ضَيْفِ | صَيْفِ |
| حَيْثُ | فَوْتَ | مَوْتِ |

| | | |
|---|---|---|
| نَحْنُ | كَأْسُ | رِزْقُ |
| نِعْمَ | بَعْضُ | غَيْثِ |
| سَعْيَ | خَيْرُ | نَفْعَل |

| | | |
|---|---|---|
| عَسْعَسَ | أَنْعَمْتَ | نَعْبُدُ |
| وَالْقَتْ | تَعْرِفُ | تَمْلِكُ |
| يُسْمِنُ | تَسْمَعُ | ظَهْره |

| | | |
|---|---|---|
| ظَهْرَكَ | وِزْرَكَ | نَشْرَحْ |
| أَسْفَلَ | أَحْسَنُ | ذِكْرَكَ |
| يَغْفِرُ | قُلْتُمْ | قُمْتُمْ |

| | | |
|---|---|---|
| تُطِعْهُ | شَكِّلْهِ | يُصْرَفْ |
| لِنُخْرِجْ | وَأُهْدِيكَ | وَاغْطَشَ |
| فَدَمْدَمَ | يَشْهَدْهُ | أَحْمَدُ |

| | | |
|---|---|---|
| سَمْعُهُمْ | سَعْيِكُمْ | حَلَلْتُمْ |
| أَرَءَيْتَ | رِحْلَةَ | نَحْشُرُهُمْ |
| تَسْتَطِعْ | حَسْبُهُمْ | يَسْلُكْهُ |

| | | |
|---|---|---|
| مَعْلُومٌ | أَغْيَر | أُمْسِك |
| تَحْزَن | مَكْنُون | أَشْرَقَتْ |
| تَخْلُقْ | جِئْتُهُمْ | كَفَفْتُ |

| | | |
|---|---|---|
| مَغْرِب | بِحَمْدِ | أَعْبُدُ |
| غَيْبٌ | يَمْسَسْكَ | أَصْبَحْتُمْ |
| لَيْلَةً | مِثْقَالَ | زُلْزِلَتْ |

| | | |
|---|---|---|
| أَثْقَلَتْ | مُهَيْمِن | تُحْصُوهَا |
| أَزْلَفْنَا | أَسْرَفَ | أَشْرَكَ |
| مُذْعِنِينَ | أَفْلَحَ | أَظْلَمَ |

| | | |
|---|---|---|
| تُشْرِكْ | يَكْتُمُ | يَحْذَرُ |
| يَثْرِبَ | تَخْرِقَ | أَكْرَمَ |
| صَوْتِ | أَمْهِلْهُمْ | إِذْ هُمْ |

## Qalqalah
### القلقلة

**Qalqalah:** a repetition of a letter's sound (echo).
The rule applies to 5 letters only ق - ط - ب - ج - د
with the condition that these letters should have a Sukoon,
either original or due to stopping.

**القلقلة:** اهتزاز صوت الحرف، وحروفها خمسة : ق - ط - ب - ج - د
وتقلقل هذه الحروف إذا كان عليها سكون ظاهر أو عند الوقف
على أحدها.

| | | | |
|---|---|---|---|
| **ق** | أُقْسِمُ | يُقْرِضُ | يَقْبِضُ | أَقْبَلَ |
| **ط** | يَطْلُبُ | نَطْبَعُ | نُطْعِمُ | مَطْلَعِ |
| **ب** | تُبْتُ | نَبْعَثُ | يَبْخَلُ | عَبْدُ |
| **ج** | يَجْحَدُ | مَجْمَعُ | يَجْزَى | وَجْهُ |
| **د** | تَدْعُ | مُدْخَلَ | أَدْبَرَ | يُدْرِكُ |

| | | | | |
|---|---|---|---|---|
| لَمَقْتُ | يَقْطِين | يَقْضِى | وَقْتُ | **ق** |
| أَحَطْنا | يَطْمَعُ | بَطْنِى | أَطْهَرُ | **ط** |
| جِبْرِيلَ | سُبْحانَ | يُبْصِرُ | مَبْلَغَ | **ب** |
| تَجْرِى | فَجْرٍ | أَجَلٍ | أَجْرُ | **ج** |
| قَدْ | مَدْيَنَ | يُدْرِكُ | يُرْدِنِ | **د** |

Stop with a skoon on the last letter.

قف بالسكون على الحرف الأخير.

| | | | | |
|---|---|---|---|---|
| ق | فَلَقِ | خَلَقَ | يَنْعِقُ | طَارِقِ |
| ط | صِرَاطَ | خَيْطُ | يَهْبِطُ | أَسْبَاطِ |
| ب | كِتَبَ | فَتَابَ | أُجِيبُ | مَغْرِبَ |
| ج | تَعْرُجُ | أَعْرَجِ | يَلِجَ | يَمُوجُ |
| د | نَعْبُدُ | وَقُودُ | تَجِدُ | شَهِدَ |

# *Raa* Pronunciation
# حـالات الـراء

Raa Pronunciation: The letter Raa ر is an amplified letter, but it can be soft sometimes;

- if it has a Kasra ( رِزْق - طَارِق ).
- if it has Sukoon and the letter before has a Kasrah (فِرْعَوْن).
- If you stop at it and there is a Kasrah, a Sukoon, or a Yaa before ( نُقِر - خَبِير - حِجْر ).

حالات الراء: حرف الراء حرف مفخم ولكنه يكون مرقق في بعض الأحيان

- إذا كان مكسورا. مثل رِزْق - طَارِق .
- إذا كان ساكنا وقبله مكسور مثل فِرْعَوْن .
- عند الوقف وقبله كسرة أو ياء أو ساكن وقبل الساكن كسرة مثل نُقِر - خَبِير - حِجْر .

## Exceptions استثناءات الراء

The letter Raa is amplified in these words.

الراء مفخمة في هذه الكلمات.

قِرْطَاسٍ

مِرْصَادًا

لَبِالْمِرْصَادِ

إِرْصَادًا

فِرْقَةٍ

| | | |
|---|---|---|
| فَذَرْهُمْ | حَرْثَكُمْ | تَرْجُفُ |
| وَأَسْرَرْتُ | عَرْشَ | تَرْهَقُهُمْ |
| أَرْضَ | بَرْدَ | مَرْيَمَ |

Taa Marbootah (ـَة) is pronounced Haa(ـه) when you stop.

| | | |
|---|---|---|
| تَرْمِى | أَمْرَتُكَ | تَرْضَىٰ |
| قَرْنِ | يَرْزُقُ | حَرْثَ |
| قَرْيَةَ | مَرْوَةَ | أَرْبَعَةَ |

| | | |
|---|---|---|
| نُرْسِلُ | تُرْحَمُ | يُرْجَعُ |
| كُرْهُ | يَكْبُرُ | بُرْهَٰنَ |
| يَكْفُرُ | قُرْبَىٰ | يَطْهُرْنَ |

| | | |
|---|---|---|
| فُرْقَانَ | أُرْسِلْنَا | مُرْسَلِينَ |
| تُرْحَمُونَ | شُرْبَ | أُرْهِقُهُ |
| قُرْءَانُ | مُرْسَلَٰتِ | فَسَتُرْضِعُ |

| | | |
|---|---|---|
| أُمِرْتُ | فِرْعَوْنَ | تَغْفِرْ |
| أُحْصِرْتُمْ | يَسْتَكْبِرْ | شِرْعَةَ |
| فِرْقِ | مِرْيَةِ | فِرْدَوْسِ |

| | | |
|---|---|---|
| شِرْبُ | إِرْبَةِ | شِرْذِمَةُ |
| أَبْصِرْ | وَيَصْبِرْ | شِرْكِ |
| مُنْهَمِرْ | فَفِرْ | عَسِرْ |

| | | |
|---|---|---|
| صَخْرَ | رُوحُ | شَهْرُ |
| رِيحُ | تُرْجَعُونَ | بَقَرَةُ |
| رُبَمَا | سَقَرَ | وَتْرِ |

| | | |
|---|---|---|
| مَرْءِ | مَشْرِقُ | أَرْسَلْنَا |
| يَعْرُجُ | يَضْرِبُ | رَهِينَةُ |
| فِرْقَةُ | مَرْضَاتِ | نَصْرُ |

| | | |
|---|---|---|
| أَشِرُ | دُسُرِ | ضَامِرِ |
| تَذَرْنِى | نَصْرِفُ | يَرْتَعْ |
| كَٰرِهِينَ | مُقْتَدِرْ | عُرْوَةِ |

| | | |
|---|---|---|
| مَرْجِعُهُمْ | مُحْتَظِرِ | رَفِيعُ |
| غَٰبِرِينَ | قَسْوَرَةِ | دَارِكُمْ |
| مُرْجَوْنَ | نَرْفَعُ | فُطُورِ |

# Tanween
# التـنـويـن

Tanween is a Noon Sakinah that is pronounced but not written.
It has 3 forms as explained below.
Tanween Fat-hah - Tanween Kasrah - Tanween Dammah
Tanween appears only on the last letter in nouns.

التنوين هو نون ساكنة تنطق ولا تكتب،
وله 3 أشكال كما هو موضح في الأسفل.
يُكتب على الحرف الأخير من الأسماء.

| | | |
|---|---|---|
| عَجَبًا | ذَهَبٍ | لَعِبٌ |
| مَدَدًا | كَبَدٍ | أَحَدٌ |
| هَرَبًا | طَبَقٍ | رُسُلٌ |

| | | |
|---|---|---|
| رَهَقًا | صُحُفٍ | حُرُمٌ |
| غَدَقًا | فَلَكٍ | قَسَمٌ |
| شُهُبًا | نَصَبٍ | بَشَرٌ |

عَدَدًا عَجَلٍ نُزُلٌ

كَذِبًا شُعَبٍ حَرَجٌ

شَطَطًا سَفَرٍ ظُلَلٌ

فَرَجًا غَضَبٍ مَرَضٌ

قَمَرًا أَجَلٍ لَهْوٌ

عَرَضًا حَزَنٍ لَعِبٌ

| | | |
|---|---|---|
| ثِيَابًا | صَدِيقٍ | خَيْرٌ |
| شَرَابًا | كَرِيمٍ | أُمَمٌ |
| وِفَاقًا | أَمِينٍ | صَرْحٌ |

| | | |
|---|---|---|
| مَقَامًا | نَعِيمٍ | عَذْبٌ |
| حِسَابًا | لَطِيفٍ | مِلْحٌ |
| خِطَابًا | مُقِيمٍ | أُجَاجٌ |

| | | |
|---|---|---|
| هُدًى | عَمًى | طُوًى |
| سُوًى | ضُحًى | سُدًى |
| أَذًى | مَثْوًى | قُرًى |

**Remember:**
**Tanween Fat-ha is pronounced Alif when you stop**

| | | |
|---|---|---|
| دُعَاءً | بِنَاءً | جَزَاءً |
| نِدَاءً | مَاءً | عَطَاءً |
| نِسَاءً | شِفَاءً | فِدَاءً |

| | | |
|---|---|---|
| كُتُبًا | ضَلَٰلٍ | عَسِيرٌ |
| رَجُلًا | حَمِيمٍ | نَاضِرَةٌ |
| إِيمَٰنًا | يَوْمٍ | مَرِيضٌ |

| | | |
|---|---|---|
| كَافُورًا | شَىْءٍ | تَذْكِرَةٌ |
| عِلْمًا | نُوحٍ | بَصِيرَةٌ |
| وَلَدًا | لُوطٍ | هَضِيمٌ |

# Shaddah
# الـشَّـدَّة

**Shaddah:** when a letter is doubled and gets pronounced twice; the 1st with Sukoon and the 2nd with a vowel, as you can see in the examples.

Sukoon and Shaddah help to reach the correct pronunciation.

**الشدَّة:** تكرار الحرف الواحد على التوالي في كلمة ويكون الأول ساكنًا والثاني متحركًا فيصبحان حرفًا واحدًا كما في الشكل.

**يتوصل بالسكون والشدة إلى المخرج الصحيح للحرف.**

نّ مّ

**عند نطق النون والميم المشددتين تغنهما بمقدار حركتين.**

When you read (نّ مّ) apply **Ghunnah** (nasal sound)

أَمْ + مَ = أَمَّ

أَمْ + مِ = أَمِّ

أَمْ + مُ = أَمُّ

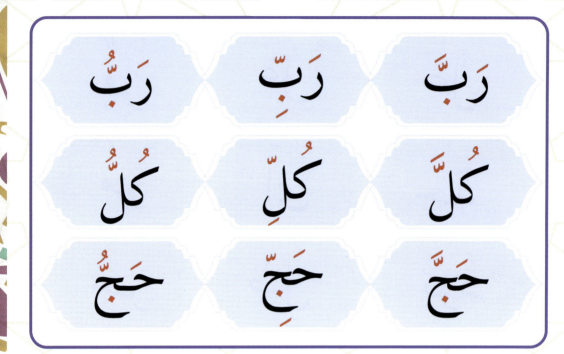

| | | |
|---|---|---|
| رَبَّ | رَبِّ | رَبُّ |
| كُلَّ | كُلِّ | كُلُّ |
| حَجَّ | حَجِّ | حَجُّ |

| | | |
|---|---|---|
| شُحَّ | بِرِّ | بَرُّ |
| مَسَّ | حَظِّ | ضُرُّ |
| ضَلَّ | جِنِّ | شَرُّ |

| | | |
|---|---|---|
| غِلٌّ | غِلٍّ | فَرَّ |
| جَدٌّ | أَىُّ | مَرَّ |
| يَوَدُّ | ظِلٍّ | جَرَّ |

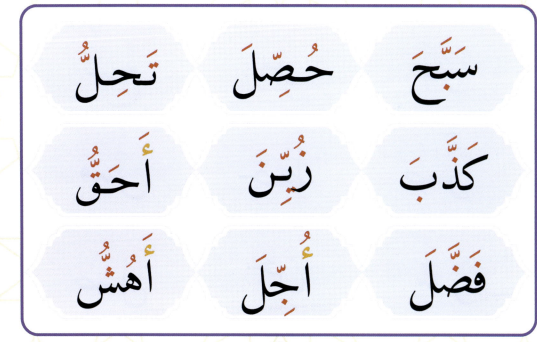

| | | |
|---|---|---|
| تَحِلُّ | حُصِّلَ | سَبَّحَ |
| أَحَقُّ | زُيِّنَ | كَذَّبَ |
| أَهُشُّ | أُجِّلَ | فَضَّلَ |

| | | |
|---|---|---|
| يَمُنُّ | عُلِّمَ | كَلَّمَ |
| لَعَلِّى | سُعِّرَ | جَهَّزَ |
| يَغُضُّ | فُهِّمَ | مِلَّةً |

| | | |
|---|---|---|
| أَشَدُّ | أُسِّسَ | أَحَسَّ |
| يَدُعُّ | بُشِّرَ | فِضَّةً |
| يَحُضُّ | بَيِّنَةٌ | عَزَّنِى |

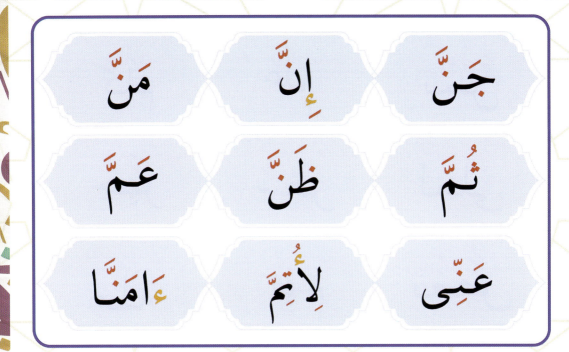

| | | |
|---|---|---|
| جَنَّ | إِنَّ | مَنَّ |
| ثُمَّ | ظَنَّ | عَمَّ |
| عَنِّى | لَأُتِمَّ | ءَامَنَّا |

| | | |
|---|---|---|
| سُنَّةَ | لَتُجَدَنَّ | مِمَّا |
| إِنَّكَ | فَلَمَّا | يُعَمَّرُ |
| مِمَّنْ | فَثَمَّ | وَأَنَّا مِنَّا |

| | | |
|:---:|:---:|:---:|
| صَدُّ | صَدٍّ | صَدًّا |
| عَدُوُّ | نَبِيٍّ | عَدًّا |
| صِرُّ | وَلِيٍّ | شَقًّا |

| | | |
|:---:|:---:|:---:|
| مَرَدُّ | كُلٍّ | نَبِيًّا |
| رَبُّ | ظِلٍّ | صَبِيًّا |
| حَقُّ | لُجِّيٍّ | حَفِيًّا |

| | | |
|---|---|---|
| مَقْضِيًّا | لَمَيِّتُونَ | جَبَّارًا |
| تُبَوِّئُ | تَسَاقَطَ | مُصْفَرًّا |
| أُجِّلَتْ | نَضْطَرُّهُمْ | مُخْضَرَّةً |

| | | |
|---|---|---|
| مُبَشِّرَاتٍ | مُسْتَمِرٌّ | نَسِيًّا |
| أُقِّتَتْ | وَتَسْوَدُّ | تَبْيَضُّ |
| لِلصَّلَوٰةِ | سُجَّدًا | رُكَّعًا |

| | |
|---|---|
| أَكْفِلْنِيهَا | أَسْقَيْنَٰكُمُوهُ |
| أَنُلْزِمُكُمُوهَا | تَسْتَخِفُّونَهَا |
| لِلْمُتَوَسِّمِينَ | نَضَّاخَتَانِ |

| | |
|---|---|
| وَلِتَطْمَئِنَّ | مُصَّدِّقِينَ |
| فَلَنُحْيِيَنَّهُ | يَصَّدَّعُونَ |
| بِمُصْرِخِىَّ | وَلَتَعْلُنَّ عُلُوًّا |

فَدَمَّرْنَٰهَا تَدْمِيرًا

أُمَتِّعْكُنَّ وَأُسَرِّحْكُنَّ

وَلِيُتَبِّرُوا۟ مَا عَلَوْا۟ تَتْبِيرًا

خُشَّعًا أَبْصَٰرُهُمْ يَخْرُجُونَ

وَتُعَزِّرُوهُ وَتُوَقِّرُوهُ وَتُسَبِّحُوهُ

أَسْمِعْ بِهِمْ وَأَبْصِرْ يَوْمَ يَأْتُونَنَا

فَأَوۡجَسَ مِنۡهُمۡ خِيفَةً

ثُمَّ تَابَ عَلَيۡهِمۡ إِنَّهُۥ بِهِمۡ رَءُوفٌ

رَبَّنَا غَلَبَتۡ عَلَيۡنَا شِقۡوَتُنَا

مُتَّكِـِٔينَ عَلَىٰ رَفۡرَفٍ خُضۡرٍ

لَا تَخۡتَصِمُواْ لَدَيَّ وَقَدۡ قَدَّمۡتُ

فَعُمِّيَتۡ عَلَيۡكُمۡ أَنُلۡزِمُكُمُوهَا

طَعَامٍ غَيرَ نَٰظِرِينَ إِنَٰهُ

فَيَدمَغُهُ فَإِذَا هُوَ زَاهِقٌ

تَوَلَّىٰ كِبرَهُ مِنهُم لَهُ عَذَابٌ

مُتَّكِـِٔينَ عَلَيهَا مُتَقَٰبِلِينَ

كَمَا زَعَمتَ عَلَينَا كِسَفًا

يَثنُونَ صُدُورَهُم لِيَستَخفُواْ مِنهُ

أَجِئْتَنَا لِتَأْفِكَنَا عَنْ ءَالِهَتِنَا

هَيْهَاتَ هَيْهَاتَ لِمَا تُوعَدُونَ

يَسْـَٔلْكُمُوهَا فَيُحْفِكُمْ تَبْخَلُوا۟

لَا يُفَتَّرُ عَنْهُمْ وَهُمْ فِيهِ مُبْلِسُونَ

تَقَرَّ أَعْيُنُهُنَّ وَلَا يَحْزَنَّ وَيَرْضَيْنَ

تَلَقَّوْنَهُۥ بِأَلْسِنَتِكُمْ وَتَقُولُونَ بِأَفْوَاهِكُم

وَلَيَحۡمِلُنَّ أَثۡقَالَهُمۡ وَأَثۡقَالًا

لَا تَخۡتَصِمُواْ لَدَيَّ وَقَدۡ قَدَّمۡتُ

وَأَوۡرَثَكُمۡ أَرۡضَهُمۡ وَدِيَٰرَهُمۡ وَأَمۡوَٰلَهُمۡ

بَطِرَتۡ مَعِيشَتَهَا فَتِلۡكَ مَسَٰكِنُهُمۡ

فَصَكَّتۡ وَجۡهَهَا وَقَالَتۡ عَجُوزٌ عَقِيمٌ

ثُمَّ لۡيَقۡضُواْ تَفَثَهُمۡ وَلۡيُوفُواْ نُذُورَهُمۡ

# Word Syllables Exercises
# تدريبات على مقاطع الكلمة

**Break down the following words into syllables & write their count as explained in the example.**

**قسّم الكلمات الآتية إلى مقاطع صوتية واكتب عددها كما في المثال.**

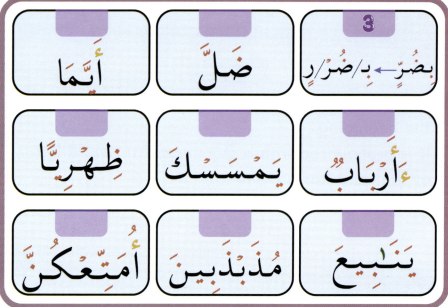

| | | |
|---|---|---|
| 3<br>بِضُرٍّ ← بِ/ضُر/رٍ | ضَلَّ | أَيَّمَا |
| أَرْبَابٌ | يَمْسَسْكَ | ظِهْرِيًّا |
| يَنَٰبِيعَ | مُذَبْذَبِينَ | أُمَتِّعْكُنَّ |

| | | |
|---|---|---|
| مَطْوِيَّٰتٌ | مُطَّهَّرِينَ | مُسْتَقَرَّهَا |
| يَسْتَصْرِخُهُ | مُسْتَبْصِرِينَ | وَلَيَمَسَّنَّكُم |
| مُسْتَوْدَعَهَا | لَنَرْجُمَنَّكُم | فَسَتَذْكُرُونَ |

## Attaching & Detaching *Hamzah*
## همزة القطع وهمزة الوصل

أ A detaching Hamzah is an Alif that is always pronounced with a Hamzah and a short vowel.

ٱ An attaching Hamzah is an Alif that is not pronounced when read connected to what is before. It is written without a Hamzah or short vowels

**REMEMBER!**

- It is always pronounced with a *Fat-hah* in ال at the beginning.
- It is pronounced with a *Dammah* if the third letter of the word has a ***Dammah***.
- **Otherwise**, it is pronounced with a Kasrah.

أ **همزة القطع في القرآن:** هي ألف مهموزة تُنطق دائما وتظهر عليها الحركات الثلاث.

ٱ **همزة الوصل في القرآن:** هي ألف خالية من الهمزة والحركات ولا تُنطق في حالة الوصل بما قبلها.

**تذكر!**

- تُنطق دائما مفتوحة في (ال).
- تُنطق مضمومة إذا كان ثالث حرف في الكلمة مضموم.
- وغير ذلك تُنطق مكسورة.

أَزْهَرِيّ

| | | |
|---|---|---|
| ٱطَّلَعَ | فَٱطَّلَعَ | فَأَطَّلِعَ |
| ٱعْلَمْ | وَٱعْلَمْ | وَأَعْلَمُ |
| ٱسْجُدْ | فَٱسْجُدْ | لِأَسْجُدَ |

| | | |
|---|---|---|
| ٱخْرُجْ | فَٱخْرُجْ | فَأَخْرَجَ |
| ٱتَّبِعْ | وَٱتَّبِعْ | فَأَتْبَعَ |
| ٱسْمَعْ | وَٱسْمَعْ | وَأَسْمِعْ |

# Attaching *Hamzah* Exercises
# تدريبات على همزة الوصل

| | | |
|---|---|---|
| ٱتَّخَذَ | ٱضْطُرَّ | وَٱشْتَعَلَ |
| ٱسْتَفْتِهِمْ | ٱشْتَرَىٰهُ | ٱقْرَأْ |
| ٱطَّلَعْتَ | ٱقْتَرَبَ | ٱشْكُرُوا۟ |

| | | |
|---|---|---|
| ٱحْلُلْ | ٱخْفِضْ | ٱشْدُدْ |
| ٱهْتَدَىٰ | ٱرْتَضَىٰ | ٱدْعُوا۟ |
| ٱرْحَمْهُمَا | ٱصْبِرْ | ٱسْجُدُوا۟ |

# Attaching *Hamzah* Exercises

# تدريبات على همزة الوصل

ٱضْمُمْ ٱضْرِبْ ٱتْلُ

ٱذْهَبْ ٱرْكُضْ ٱغْفِرْ

ٱسْتَفْزِزْ ٱهْبِطَا ٱنْفُخُواْ

ٱهْتَزَّتْ ٱصْرِفْ ٱذْكُرْ

ٱبْعَثُواْ ٱخْتِلَاف ٱعْبُدُوهُ

ٱزْدَادُواْ ٱرْجِعُواْ ٱهْجُرْنِى

**Read the following Alif with a Kasrah instead of a Dammah**

ٱمْشُوا

ٱبْنُوا

ٱقْضُوا

ٱمْضُوا

ٱئْتُونِى

ٱمْرُؤُا

ٱسْمُ

ٱبْنُ

هذه الكلمات تُنطق بالكسر بدلًا من الضم

## الوقوف على التاء المربوطة والتاء المفتوحة

Taa Marbootah (ـة) is pronounced Haa(ـه) when you stop.

التاء المربوطة تُنْطَق هاءً عند الوقف.

| | |
|---|---|
| رَحْمَةَ | رَحْمَتَ |
| نِعْمَةَ | نِعْمَتَ |

| | |
|---|---|
| ٱبْنَةَ | ٱبْنَتَ |
| ٱمْرَأَةُ | ٱمْرَأَتُ |

| | |
|---|---|
| كَلِمَةُ | كَلِمَتُ |
| فِطْرَةَ | فِطْرَتَ |

| | |
|---|---|
| بَقِيَّةُ | بَقِيَّتُ |
| جَنَّةُ | جَنَّتُ |

| | |
|---|---|
| مَعْصِيَةِ | مَعْصِيَتِ |
| لَعْنَةَ | لَعْنَتَ |

| | |
|---|---|
| سُنَّةُ | سُنَّتُ |
| قُرَّةَ | قُرَّتُ |

شَجَرَةُ
شَجَرَتُ

# Arabic Definite Article
# ال التعريف

ا ب
ج ح خ
ع غ ف ق
ك م هـ و ي

The definite article ال connects with nouns and it is equivalent to (The) in English. Alif in ال is always pronounced with Fat-ha. The Lam after Alif is two types:

ت ث د ذ
ر ز س ش
ص ض ط ظ
ل ن

**Moon Lam"Qamareyah"** is a Lam with Sukoon on top that is pronounced clearly before any moon letter
i.e ٱلْقَمَر

**Sun Lam "Shamseyah"** doesn't have any Harakah and is followed by a sun letter that has a Shaddah
i.e ٱلشَّمس

**ال التعريف:** تتصل بالأسماء لتعرفها وتنطق ألفها مفتوحة دائما. أما اللام بعدها فهي نوعان:

**اللام القمرية** هي لام ساكنة تنطق بوضوح إذا تبعها أحد الحروف القمرية مثل كلمة ٱلْقَمَرُ.

**اللام الشمسية** هي لام خالية من الحركات ولا تنطق ، والحرف الذي يأتي بعدها يكون دائما مشددا مثل كلمة ٱلشَّمْسُ.

# Sun and Moon *Lam* Examples
# أمثلة اللام الشمسية و القمرية

ٱلصَّبْرُ ٱلدُّنْيَا

ٱلصَّوْمُ ٱلشَّهْرُ

ٱلنَّبَإِ ٱلسَّرْدِ

ٱلْحَمْدُ ٱلْإِيمَانُ

ٱلْجَنَّةُ ٱلْخُلْدِ

ٱلْعَلِيمُ ٱلْبَرْقُ

ت ٱلتِّينِ

ث ٱلثَّمَرَٰتِ

د ٱلدِّينِ

ذ ٱلذُّنُوبَ

ر ٱلرِّبَوٰاْ

ز ٱلزِّنَىٰ

س ٱلسِّنِينَ

ء ٱلْأَمْرُ

ب ٱلْبَسْطِ

ج ٱلْجِبَالَ

ح ٱلْحِكْمَةَ

خ ٱلْخَيْرَٰتِ

ع ٱلْعَاجِلَةَ

غ ٱلْغَنِىُّ

ش ٱلشَّمۡسُ

ص ٱلصَّٰلِحَٰتُ

ض ٱلضُّرُّ

ط ٱلطَّيِّبَٰتِ

ظ ٱلظَّٰلِمُونَ

ل ٱلَّيۡلُ

ن ٱلنَّهَارَ

ف ٱلۡفُؤَادَ

ق ٱلۡقَمَرُ

ك ٱلۡكِبَرَ

م ٱلۡمُهَيۡمِنُ

ه ٱلۡهُدَىٰ

و ٱلۡوَسِيلَةَ

ي ٱلۡيَتِيمَ

| | | |
|---|---|---|
| ٱلرَّحِيمُ | ٱغۡسِلُواْ | ٱسۡلُكۡ |
| ٱلرَّحۡمَٰنُ | ٱعۡدِلُواْ | ٱمۡكُثُوٓاْ |
| ٱرۡتَدَّا | ٱلۡمُؤۡمِنُ | ٱشۡكُرۡ |

| | | |
|---|---|---|
| ٱفۡتَرَىٰ | ٱقۡصِدۡ | ٱلسَّلَٰمُ |
| ٱسۡتَطۡعَمَا | ٱكۡشِفۡ | ٱقۡنُتِي |
| ٱسۡطَعُواْ | ٱعۡتِلُوهُ | ٱدۡخُلُواْ |

## Attaching Hamzah Exercises
## تدريبات على همزة الوصل

| | | |
|---|---|---|
| ٱلْعَزِيزُ | ٱسْتَمْسِكْ | ٱغْضُضْ |
| ٱسْتِغْفَارُ | ٱطْمِسْ | ٱسْتُضْعِفُوا۟ |
| ٱصْنَعْ | ٱصْدَعْ | ٱلْقُدُّوسُ |

| | | |
|---|---|---|
| ٱلْمَلِكُ | ٱرْجُوا۟ | ٱمْسَحُوا۟ |
| ٱشْرَبِى | ٱسْتِعْجَالَ | ٱقْتُلُوهُ |
| ٱلْجَبَّارُ | ٱسْتِكْبَارًا | ٱلْمُهَيْمِنُ |

## Connecting *Madd* & The Attaching *Hamzah*
## التقاء حروف المد وهمزة الوصل

When there is a long vowel (Madd) followed by an attaching Hamzah, you don't read the long vowel.

إذا التقى حرف المد وهمزة الوصل، لا يُنطق حرف المد.

مَا ٱلْقَارِعَةُ
Moon Lam

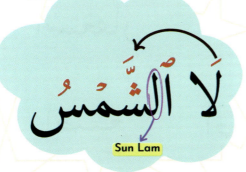

لَا ٱلشَّمْسُ
Sun Lam

| | |
|---|---|
| شَقَقْنَا ٱلْأَرْضَ | مَا ٱعْتَدَىٰ |
| فِى ٱلْكِتَـٰبِ | مَا ٱقْتَتَلَ |
| فَتَنُوا۟ ٱلْمُؤْمِنِينَ | فَمَا ٱسْتَيْسَرَ |

## Connecting *Tanween* & Attaching *Hamzah*
## التقاء التنوين وهمزة الوصل

When there is a Tanween followed by an attaching Hamzah, you read the Noon of Tanween with a Kasrah.

إذا التقى التنوين وهمزة الوصل، تُنطق نون التنوين مكسورة.

عَلَقٍ ٱقْرَأْ

قِ+نِ

أَحَدٌ ٱللَّهُ

دُ+نِ

### Exercises تدريبات

| | |
|---|---|
| جَمِيعًا ٱلَّذِى | بِزِينَةٍ ٱلْكَوَاكِبِ |
| بِرَحْمَةٍ ٱدْخُلُوا۟ | يَوْمَئِذٍ ٱلْحَقُّ |
| مَثَلًا ٱلْقَوْمُ | سَبِيلًا ٱتَّخَذُوهُ |

Lam in "Allah" can be Amplified or soft

تأتي اللام مفخمة ومرققة في لفظ الجلالة

## Amplified

If you start with it. (اللّٰهُ)
If the letter before it has a Fathah or a Dammah
(وَاللّٰهُ) (رَسُولُ اللّٰه)

## مُفَخَّمَة

إذا بُدِئ بها (اللَّهُ).
إذا كان الحرف الذي قبلها مفتوحًا أو مضمومًا (وَاللَّهُ) (رَسُولُ اللَّهِ).

## Soft

If the letter before it has a Kasrah.
(بِاللَّهِ)

## مُرَقَّقَة

إذا كان الحرف الذي قبلها مكسورًا (بِاللَّهِ).

| | | |
|---|---|---|
| تَٱللَّه | أَفِى ٱللَّهِ | أَبِٱللَّه |
| عَلَى ٱللَّهِ | قُلِ ٱللَّهُ | وَٱللَّه |
| بِٱللَّه | هُوَ ٱللَّهُ | مِنَ ٱللَّهِ |

بِإِذْنِ ٱللَّهِ     سَبِيلِ ٱللَّهِ

فَضْلُ ٱللَّهِ     نَاقَةُ ٱللَّهِ

رَسُولُ ٱللَّهِ     نَصْرُ ٱللَّهِ

أَرَادَ ٱللَّهُ     عَهْدَ ٱللَّهِ

أَمَرَ ٱللَّهُ     فَتَحَ ٱللَّهُ

رِزْقِ ٱللَّهِ     خَشْيَةِ ٱللَّهِ

# النون الساكنة والتنوين

| الإخفاء | الإقلاب | الإدغام | الإظهار |
|---|---|---|---|
| IKHFAA | IQLAB | IDGHAM | ITH'HAR |
| ت ث د ذ | | ي ر | ء هـ |
| س ش ص ض | ب | م ل | ع ح |
| ط ظ ف ق | | و ن | غ خ |
| ز ج ك | | | |

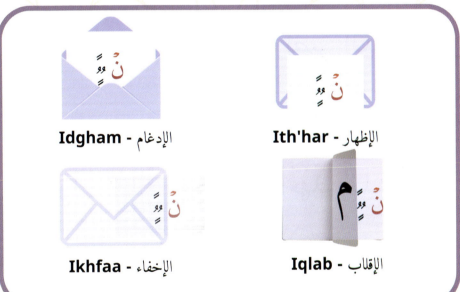

**Idgham -** الإدغام

**Ith'har -** الإظهار

**Ikhfaa -** الإخفاء

**Iqlab -** الإقلاب

If Noon has Skoon (نْ), you read it without Ghunnah. If Noon doesn't have any signs (ن), you should read it with a two-length Ghunnah unless followed by Lam or Raa

إذا جاءت النون فوقها سكون هكذا (نْ) تُنطق بدون غنة. أمَّا إذا جاءت النون خالية من السكون هكذا (ن) تُنطق بغنة بمقدار حركتين إلا إذا تبعها اللام أو الراء.

Ith'har: pronouncing a clear Noon Sakinah or Tanween when followed by one of 6 letters (ء هـ ع ح غ خ).
Ith'har can be in one or two words.

الإظهار: هو نُطق النون الساكنة والتنوين بوضوح عندما يأتي بعدهما واحد من 6 أحرف (ء هـ ع ح غ خ).
ويكون في كلمة أو كلمتين.

| | | |
|---|---|---|
| فَوَحِدَةً أَوُ | مَنْ ءَامَنَ | وَيَنْئَوْنَ |
| جُرُفٍ هَارٍ | إِنْ هُوَ | مِنْهُم |
| مَيْلًا عَظِيمًا | مِنْ عِبَادِه | أَنْعَمْتَ |

129

| | | |
|---|---|---|
| عَلِيمًا حَكِيمًا | مِنْ حَبْلٍ | تَنْحِتُونَ |
| مِيثَاقًا غَلِيظًا | مِنْ غَيْرِ | يَنْغِضُونَ |
| عَلِيمًا خَبِيرًا | مِنْ خَلَقَ | مُنْخَنِقَةُ |

| | | |
|---|---|---|
| أَحَدٍ حَتَّى | مِنْ أَجْلِ | صُنْعَ |
| ضِعَافًا خَافُوٓا۟ | مِنْ غَفُورٍ | تَنْهَوْنَ |
| قَوْمٍ هَادٍ | مِنْ خَشْيَةِ | وَانْحَرْ |

130

Idgham: merging Noon Sakinah or Tanween with the letter afterward. Idgham letters are (ي ر م ل و ن).
Idgham can only be in two words.

**الإدغام:** هو دمج النون الساكنة أوالتنوين في الحرف بعدهما، وحروفه هي (ي ر م ل و ن) ويكون في كلمتين فقط.

| Idgham is 2 types | | الإدغام نوعان | |
|---|---|---|---|
| **With Ghunnah** (ي ن م و) | **Without Ghunnah** (ل ر) | بغنة (ي ن م و) | بدون غنة (ل ر) |

وَمَن يُدَبِّرُ     مَوَدَّةٌ يَلِيتَنِى

لَن نُشْرِكَ     حِطَّةٌ نَغْفِرُ

مِن مَقْتِكُمْ     كِبَرُ مَّا

| | |
|---|---|
| وَلِيًّا وَكَفَى | مِن وَالٍ |
| زَبَدًا رَّابِيًا | مِن رَّسُولٍ |
| خَيْرًا لَّهُم | إِن لَّم |

| | |
|---|---|
| خَصَاصَةٌ وَمَن | وَمَن يُطِعْ |
| ءَاتِيَةٌ لَّا رَيْبَ | وَمَن نُّعَمِّرْهُ |
| تَوَّابًا رَّحِيمًا | عَن مَّوَاضِعِه |

**Iqlab:** changing Noon Sakinah or Tanween to the letter Meem when followed by (ب).
Iqlab can be in one or two words.

**الإقلاب:** هو قلب النون الساكنة أو التنوين ميما عندما يأتي بعدهما حرف الباء (ب).
ويكون في كلمة أو كلمتين.

◦ ∘ ○ ◈ ○ ∘ ◦

| | |
|---|---|
| أُمَّةٌ بِرَسُولِهِمْ | اَلذَّنْبِ |
| بَصِيرٌ بِالْعِبَادِ | مِنْ بَعْدِهِمْ |
| نَفْسٍ بِمَا | مِنْ بَأْسٍ |

Ikhfaa: hiding Noon Sakinah or Tanween and applying Ghunnah when followed by one of the following 15 letters (the rest of the alphabet).

Ikhfaa can be in one or two words.

الإخفاء: هو عدم إظهار النون الساكنة أو التنوين والإتيان بغنة عندما يأتي بعدهما الخمسة عشر حرفا المتبقية.
ويكون في كلمة أو كلمتين.

## Ikhfaa Letters  -  حروف الإخفاء

ج ت ث د ذ
ز س ش ص ض
ط ظ ف ق ك

| | | |
|---|---|---|
| يُنصَرُونَ | وَمَن صَلَحَ | قَومًا صَالِحِينَ |
| لِيُنذِرَ | مِن ذُنُوبِكُم | قَرِيبًا ذَاقُوا |
| أُنثَى | فَمَن ثَقُلَت | جَمِيعًا ثُمَّ |

| | | |
|---|---|---|
| سَحَرٌ كَذَّابٌ | مَن كَسَبَ | عَنكَ |
| خَلقٍ جَدِيدٍ | وَمَن جَهَرَ | أَنجَينَا |
| قُوًى شَدِيدٌ | مِن شَفِيعٍ | أَنشَأنَا |

| | | |
|---|---|---|
| ثَمَنًا قَلِيلًا | مِن قَرِيبٍ | نَنقُصُهَا |
| قَوْلًا سَدِيدًا | مِن سَبِيلٍ | فَأَنسَهُ |
| وَكَأسًا دِهَاقًا | مِن دُونِ | عِندَ |

135

| | | |
|---|---|---|
| قِنطَارًا | مِن طِينٍ | كَلِمَةً طَيِّبَةً |
| وَأَنزَلْنَا | مِن زُخْرُفٍ | صَعِيدًا زَلَقًا |
| أَنفُسَكُمْ | كُن فَيَكُونُ | يَتِيمًا فَـَٔاوَىٰ |

| | | |
|---|---|---|
| أَفَأَنتَ | مِن تَحْتِهَا | عَمَدٍ تَرَوْنَهَا |
| مَنضُودٍ | عَن ضَيْفِهِ | مَسْجِدًا ضِرَارًا |
| يَنظُرُ | مِن ظَهِيرٍ | نَفْسٍ ظَلَمَتْ |

| | | |
|---|---|---|
| تُنسَىٰ | وَمَنْ أَعْرَضَ | ثَمَرَةٍ رِّزْقًا |
| مِنْهُمْ | مَن مَّعِىَ | حَسْرَةً ثُمَّ |
| تُنۢبِتُ | أَن تَمِيدَ | كَنزٌ أَوْ |

| | | |
|---|---|---|
| وَيَنْعِهِ | لَئِن شَكَرْتُمْ | سِرَاعًا ذَٰلِكَ |
| نُۨجِى | يُؤْمِنۢ بِاللَّهِ | خَـٰلِدًا فِيهَا |
| سُنۢبُلَةٍ | عَن قِبْلَتِهِمْ | ظِلًّا ظَلِيلًا |

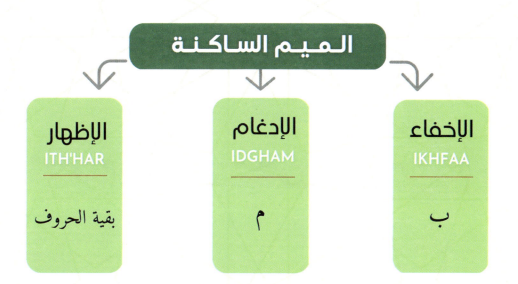

# The Rules of *Meem Sakinah*
## أحكام الميم الساكنة

**المـيـم الساكنة**

| الإظهار<br>ITH'HAR | الإدغام<br>IDGHAM | الإخفاء<br>IKHFAA |
|:---:|:---:|:---:|
| بقية الحروف | م | ب |

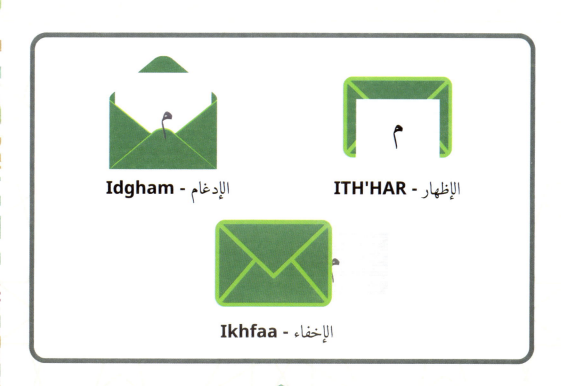

Idgham - الإدغام   ITH'HAR - الإظهار

Ikhfaa - الإخفاء

Ikhfaa: hiding <u>Meem Sakinah</u> and applying <u>Ghunnah</u> when followed by the letter <u>Baa</u> (ب).
Ikhfaa can be in two words only.

**الإخفاء**: هو عدم إظهار الميم الساكنة والإتيان بغنة عندما يأتي بعدها حرف الباء (ب)
ويكون في كلمتين فقط.

◦ ◦ ◦ ◆ ◦ ◦ ◦

| | |
|:---:|:---:|
| رُسُلُكُم بِٱلْحَقِّ | بَيْنَهُم بِٱلْبَيِّنَـٰتِ |
| مِنْهُم بَطْشًا | مَا هُم بِبَـٰلِغِيهِ |
| هُم بَـٰرِزُونَ | ذَٰلِكُم بِأَنَّكُم |

Idgham: merging **_Meem Sakinah_** (مْ) with the Meem afterward. It gets pronounced as one stressed Meem *(Shaddah)*. Idgham can be in two words only.

**الإدغام**: هو إدخال الميم الساكنة في ميم متحركة بعدها فتُنطق ميما واحدة مشددة ويكون في كلمتين فقط.

وَمِنْهُم مَّنْ      لَكُم مِّنْ

عَلَيْهِم مُّوصَدَةٌ      عَلَيْكُم مِّدْرَارًا

نَجَّيْنَكُم مِّنْ      بَيْنَهُم مَّنْ

<u>Ith'har</u>: pronouncing a clear Meem Sakinah when followed by all letters except (ب م).

Ith'har can be in one or two words.

**الإظهار** هو نطق الميم الساكنة بوضوح عندما يأتي بعدها جميع الحروف العربية ما عدا (م ب) ويكون في كلمة أو كلمتين.

— ∘∘∘ ◆ ∘∘∘ —

| | |
|:---:|:---:|
| أَوَلَمْ تَكُ | فَلَهُمْ أَجْرُهُمْ |
| وَأَدْخِلْهُمْ جَنَّتِ | أَيْدِيهِمْ ثُمَّ |
| رَبُّكُمْ خَلَقَ | عَلَيْكُمْ حَفَظَةً |

| | |
|---|---|
| بِحَمْدِكَ | تَقْرِضُهُمْ ذَاتَ |
| وَأَمْرُهُ | إِلَّا رَمْزًا |
| فَأَمْسِكُوهُنَّ | مَعَهُمْ شَهِيدًا |

| | |
|---|---|
| وَهُمْ صَٰغِرُونَ | أَوْ أَمْضِيَ |
| وَأَمْطَرْنَا | فَوْقِهِمْ ظُلَلٌ |
| ٱلْجَمْعَانِ | فَإِنَّكُمْ غَٰلِبُونَ |

وَصَوَّرَكُمْ فَأَحْسَنَ

مَعَهُمْ قُلْ

يَمْكُرُونَ

قُلْتُمْ لَنْ

وَأَمْنًا

وَرَدْنَهُمْ هُدًى

أَمْوَالَهُمْ

لَمْ يَحْكُمْ

وَامْضُوا

بِهِمْ وَيَمُدُّهُمْ

أَمْوَاتًا

تَرَكَهُمْ فِي

Another type of Idgham takes place between letters due to their Makharij being identical, close or similar.
The 1st letter is without Harakah and the 2nd has Shaddah.

هناك نوع آخر من الإدغام يحدث بين الحروف سببه تقارب المخارج أو تماثلها أو تجانسها، ويكون الحرف الأول خالي من الحركات والثاني مُشَدَّدًا.

❍○◇◆◇○❍

| | |
|---|---|
| وَقَد دَّخَلُوا | اضْرِب بِّعَصَاكَ |
| يَلْهَث ذَّلِكَ | إِذ ظَّلَمْتُمُ |
| قَد تَّبَيَّنَ | أَحَطتُ |

144

| | |
|---|---|
| وَمَهَّدتُّ لَهُ | نَخْلُقكُّم |
| أَرْكَب مَّعَنَا | وَقُل رَّبِّ |
| بَسَطتَّ | عَبَدتُّم |

| | |
|---|---|
| بَل رَّفَعَهُ | رُدِدتُّ |
| حَصَدتُّم | رَبِحَت تِّجَٰرَتُهُم |
| يُدْرِككُّم | إِذ ذَّهَبَ |

145

# *Madd* Rules
# أحكام المد

## أنواع المد
## Types of Madd

### المد الطبيعي
هو إطالة صوت حركة الحرف لتصبح حركتين إذا تبعها حرف مد من جنسها.
(قَالَ - يَقُولُ - قِيلَ).
وحروفه هي (ا و ي)

### Natural Madd
Prolonging a letter's sound when followed by a long vowel.
2 Lengths
(قَالَ - يَقُولُ - قِيلَ)

### المد المتصل
إذا أتت الهمزة بعد حرف المد في كلمة واحدة ويُمد بمقدار أربع حركات
(السَّمَآء).

### Attached Madd
Prolonging Madd 4 lengths when followed by a Hamzah in the same word. (السَّمَآء)

### المد المنفصل
إذا أتت الهمزة في كلمة تالية لحرف المد.
ويُمد بمقدار أربع حركات
(يَآ أَيُّها).

### Detached Madd
Prolonging Madd 4 lengths when followed by a Hamzah in a separate word (يَآ أَيُّها).

### المد اللازم
إذا أتى سكون بعد حرف المد في كلمة أو حرف.
و يمد بمقدار ست حركات
( الضَّآلِّينَ - آلٓمّ ).

### Madd Lazim
Prolonging Madd 6 lengths when followed by Sukoon in the same word.
( الضَّآلِّينَ - آلٓمّ ).

| | | |
|---|---|---|
| الْمَصٓ | مَآ أَغْنَىٰ | هَاؤُمُ |
| الْحَآقَّةُ | يَبْنِىَ ءَادَمَ | نِسَآؤُكُم |
| تَأْمُرُوٓنِّى | وَمَآ أُرْسِلُوٓاْ | لِلسَّآئِلِ |

| | | |
|---|---|---|
| حمٓ عٓسٓقٓ | يَـٰٓأَيُّهَا | شُفَعَـآؤُكُم |
| الضَّآلِّينَ | قُوٓاْ أَنفُسَكُم | بَرِىٓءٌ |
| أَتُحَـٰٓجُّوٓنِّى | فَلَمَّآ أَفَاقَ | لِشُرَكَآئِنَا |

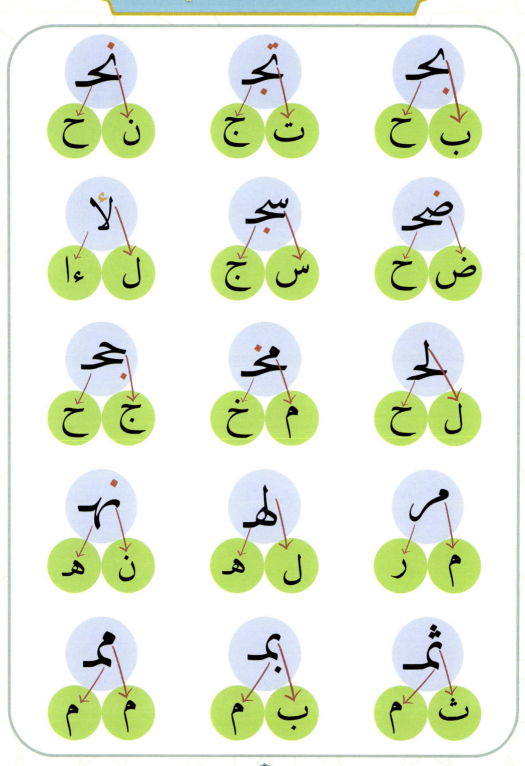

| | | |
|---|---|---|
| أَيُّهَا | لَأَتَمَّ | ٱلْحَىِّ |
| مَمْنُوعَةٍ | وَٱسْجُدْ | مَرِيَّةٍ |
| مَجْنُونٍ | ٱلْأُنثَى | تَجِدْ |

| | | |
|---|---|---|
| عَزِيزٌ | ٱلْإِيمَانَ | إِنَّمَا |
| مَخْمَصَةٍ | بَخْسًا | سَمِعَكُمْ |
| شِحَّ | مُنتَهَى | بَجَدُوا۟ |

# Othmani Script Signs Explanation
# علامات ضبط المصحف العثماني

| | | |
|---|---|---|
| ج | You can stop here. | يَوۡمِۚ قَالُواْ |
| لا | Do <u>not</u> stop here. | طَيِّبِينَۙ يَقُولُونَ |
| صلى | You may stop, but continuing is preferred. | شَيۡـٔٗاۖ وَٱلۡأَمۡرُ |
| قلى | You may continue, but stopping is preferred. | خَيۡرٗاۗ لِّلَّذِينَ |
| م | You must stop here. | يَسۡمَعُونَۘ وَٱلۡمَوۡتَىٰ |
| س | You should pronounce the letter as س and not ص. | وَيَبۡصُۜطُ |
| ∴ | You can stop at only either of the places. | لَا رَيۡبَۛ فِيهِۛ هُدٗى |
| ۩ | You should make Sujoud (prostration) here. | وَلَهُۥ يَسۡجُدُونَ۩ |
| س | You should pause shortly without taking a breath. | بَلۡۜ رَانَ |
| ◇ | You should read Raa & Alif leaning towards Yaa. | مَجۡر۪ىٰهَا |
| ٥ | You <u>don't</u> read the Alif unless you stop at it. | أَنَا۠ خَيۡرٞ |
| ه | You <u>don't</u> read the letter underneath. | وَمَلَإِي۟هِۦ |

ذَٰلِكَ ٱلْكِتَٰبُ لَا رَيْبَ ۛ فِيهِ ۛ هُدًى لِّلْمُتَّقِينَ

مَنۢ بَعَثَنَا مِن مَّرْقَدِنَا ۜ هَٰذَا مَا وَعَدَ ٱلرَّحْمَٰنُ

وَيَخِرُّونَ لِلْأَذْقَانِ يَبْكُونَ وَيَزِيدُهُمْ خُشُوعًا ۩ 109

وَلَا يَحْزُنكَ قَوْلُهُمْ ۘ إِنَّ ٱلْعِزَّةَ لِلَّهِ جَمِيعًا ۚ هُوَ ٱلسَّمِيعُ ٱلْعَلِيمُ

يَبْتَغُونَ مِن فَضْلِ ٱللَّهِ ۙ وَءَاخَرُونَ يُقَٰتِلُونَ فِى سَبِيلِ ٱللَّهِ ۖ

وَأَكْوَابٍ كَانَتْ قَوَارِيرَا۠ 15 قَوَارِيرَا۟ مِن فِضَّةٍ

| | |
|---|---|
| جَنَّتٌ تَجْرِى مِن تَحْتِهَا الْأَنْهَرُ | إِنَّمَا تُجْزَوْنَ |
| أُوْلَئِكَ أَصْحَبُ الْمَيْمَنَةِ | إِبْرَاهِيمَ وَمُوسَى |
| بِحِجَارَةٍ مِّن سِجِّيلٍ | نَحْنُ مَحْرُومُونَ |

| | |
|---|---|
| إِلَى فِرْعَوْنَ وَمَلَإِيْهِ | وَتَصْلِيَةُ جَحِيمٍ |
| وَاللَّهُ مِن وَرَآئِهِم مُّحِيطٌ | بِمَآءٍ مُّنْهَمِرٍ |
| وَيَحْمِلُ عَرْشَ رَبِّكَ فَوْقَهُمْ يَوْمَئِذٍ ثَمَنِيَةٌ | |

وَقَالَ ٱرْكَبُواْ فِيهَا بِسْمِ ٱللَّهِ مَجْرٜىٰهَا وَمُرْسَىٰهَا

ءَامِنُواْ بِٱللَّهِ وَرَسُولِهِ وَأَنفِقُواْ مِمَّا جَعَلَكُم مُّسْتَخْلَفِينَ فِيهِ صلى

إِذَا نُودِىَ لِلصَّلَوٰةِ مِن يَوْمِ ٱلْجُمُعَةِ فَٱسْعَوْاْ إِلَىٰ ذِكْرِ ٱللَّهِ

إِذَا قِيلَ لَكُمْ تَفَسَّحُواْ فِى ٱلْمَجَٰلِسِ فَٱفْسَحُواْ يَفْسَحِ ٱللَّهُ لَكُمْ صلى

ٱقْنُتِى لِرَبِّكِ وَٱسْجُدِى وَٱرْكَعِى مَعَ ٱلرَّٰكِعِينَ

وَٱقْصِدْ فِى مَشْيِكَ وَٱغْضُضْ مِن صَوْتِكَ ج

153

يَٰٓأَيُّهَا ٱلَّذِينَ ءَامَنُواْ كُتِبَ عَلَيۡكُمُ ٱلصِّيَامُ

يَٰبَنِيٓ ءَادَمَ خُذُواْ زِينَتَكُمۡ عِندَ كُلِّ مَسۡجِدٖ

إِن جَآءَكُمۡ فَاسِقُۢ بِنَبَإٖ فَتَبَيَّنُوٓاْ أَن تُصِيبُواْ قَوۡمَۢا بِجَهَٰلَةٖ

ٱسۡتَجِيبُواْ لِلَّهِ وَلِلرَّسُولِ إِذَا دَعَاكُمۡ لِمَا يُحۡيِيكُمۡۖ

وَأَقِيمُواْ ٱلۡوَزۡنَ بِٱلۡقِسۡطِ وَلَا تُخۡسِرُواْ ٱلۡمِيزَانَ

لَا يَسۡخَرۡ قَوۡمٞ مِّن قَوۡمٍ عَسَىٰٓ أَن يَكُونُواْ خَيۡرٗا مِّنۡهُمۡ

يَٰبُنَيَّ أَقِمِ ٱلصَّلَوٰةَ وَأۡمُرۡ بِٱلۡمَعۡرُوفِ وَٱنۡهَ عَنِ ٱلۡمُنكَرِ

وَٱسۡتَغۡفِرُواْ رَبَّكُمۡ ثُمَّ تُوبُوٓاْ إِلَيۡهِۚ إِنَّ رَبِّي رَحِيمٞ وَدُودٞ

خُذِ ٱلۡعَفۡوَ وَأۡمُرۡ بِٱلۡعُرۡفِ وَأَعۡرِضۡ عَنِ ٱلۡجَٰهِلِينَ

وَإِذَا قُرِئَ ٱلۡقُرۡءَانُ فَٱسۡتَمِعُواْ لَهُۥ وَأَنصِتُواْ لَعَلَّكُمۡ تُرۡحَمُونَ

وَإِمَّا يَنزَغَنَّكَ مِنَ ٱلشَّيۡطَٰنِ نَزۡغٞ فَٱسۡتَعِذۡ بِٱللَّهِۚ

وَلِلَّهِ ٱلۡأَسۡمَآءُ ٱلۡحُسۡنَىٰ فَٱدۡعُوهُ بِهَاۖ

فَلَا تُزَكُّوٓاْ أَنفُسَكُمۡۖ هُوَ أَعۡلَمُ بِمَنِ ٱتَّقَىٰٓ

وَأَقِيمُواْ ٱلصَّلَوٰةَ وَءَاتُواْ ٱلزَّكَوٰةَ وَأَقۡرِضُواْ ٱللَّهَ قَرۡضًا حَسَنٗاۚ

وَزَادَكُمۡ فِي ٱلۡخَلۡقِ بَصۜۡطَةٗۖ فَٱذۡكُرُوٓاْ ءَالَآءَ ٱللَّهِ لَعَلَّكُمۡ تُفۡلِحُونَ

وَأَطِيعُواْ ٱللَّهَ وَأَطِيعُواْ ٱلرَّسُولَ وَأُوْلِي ٱلۡأَمۡرِ مِنكُمۡۖ

لَقَدۡ كَانَ لَكُمۡ فِي رَسُولِ ٱللَّهِ أُسۡوَةٌ حَسَنَةٞ

وَقَضَىٰ رَبُّكَ أَلَّا تَعۡبُدُوٓاْ إِلَّآ إِيَّاهُ وَبِٱلۡوَٰلِدَيۡنِ إِحۡسَٰنًاۚ

# ملحق الكتابة
# و
# القاموس المصور

أَزهري

# Qur'an Tracing
# &
# Illustrated Glossary

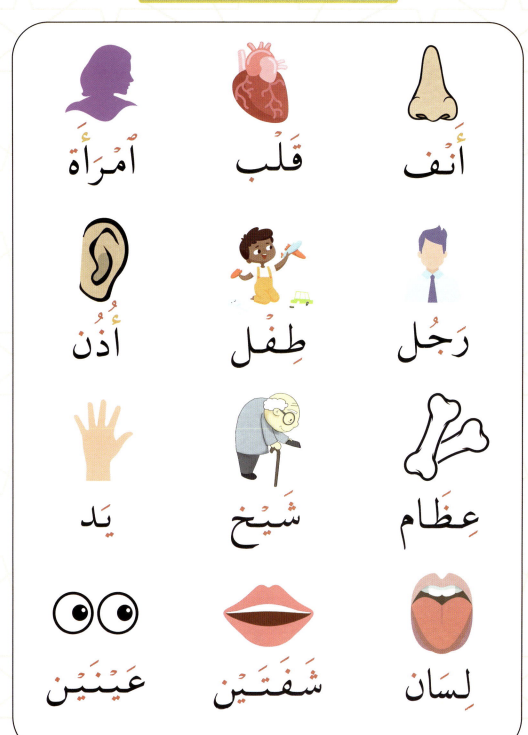

أَنْف

قَلْب

امْرَأَة

رَجُل

طِفْل

أُذُن

عِظَام

شَيْخ

يَد

لِسَان

شَفَتَيْن

عَيْنَيْن

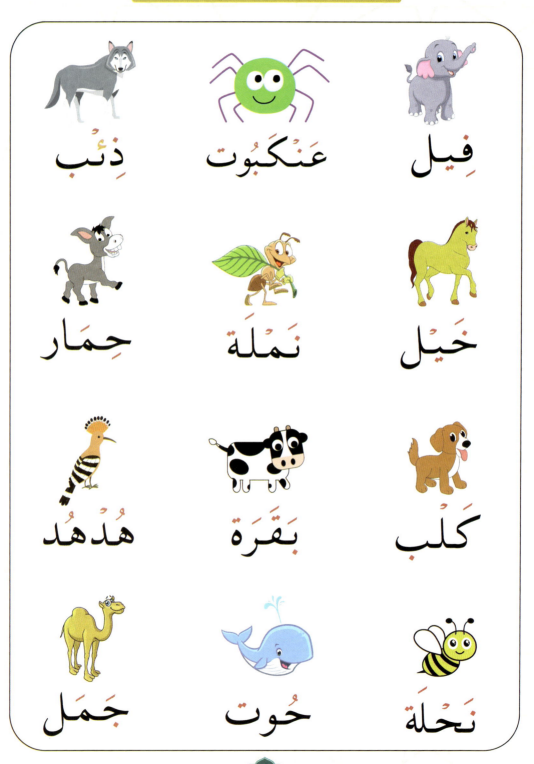

فِيل

عَنْكَبُوت

ذِئْب

خَيْل

نَمْلَة

حِمَار

كَلْب

بَقَرَة

هُدْهُد

نَحْلَة

حُوت

جَمَل

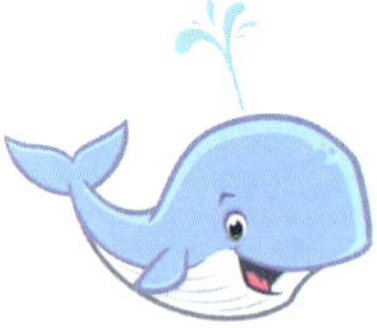

# Nature In Qur'an
# الطبيعة في القرآن

ٱلشَّمْس

ٱلْقَمَر

ٱلنُّجُوم

ٱللَّيْل

ٱلنَّهَار

ٱلسَّحَاب

ٱلْأَرْض

ٱلْجِبَال

ٱلْمَوْج

ٱلْمَطَر

ٱلْمَاء

ٱلنَّار

# Fruits & Vegetables In Qur'an
# الفواكه والخضروات في القرآن

طَلْح

فُوم

بَصَل

رُمَّان

عِنَب

تِين

زَنْجَبِيل

زَيْتُون

يَقْطِين

قِثَّاء

رَيْحَان

رُطَب

## سُورَةُ الكَافِرُونَ

بِسْمِ ٱللَّهِ ٱلرَّحْمَـٰنِ ٱلرَّحِيمِ

قُلْ يَـٰٓأَيُّهَا ٱلْكَـٰفِرُونَ 1 لَآ أَعْبُدُ مَا تَعْبُدُونَ 2 وَلَآ
أَنتُمْ عَـٰبِدُونَ مَآ أَعْبُدُ 3 وَلَآ أَنَا۠ عَابِدٌ مَّا عَبَدتُّمْ 4 وَلَآ
أَنتُمْ عَـٰبِدُونَ مَآ أَعْبُدُ 5 لَكُمْ دِينُكُمْ وَلِىَ دِينِ 6

## سُورَةُ النَّصرِ

بِسْمِ ٱللَّهِ ٱلرَّحْمَـٰنِ ٱلرَّحِيمِ

إِذَا جَآءَ نَصْرُ ٱللَّهِ وَٱلْفَتْحُ 1 وَرَأَيْتَ ٱلنَّاسَ يَدْخُلُونَ
فِى دِينِ ٱللَّهِ أَفْوَاجًا 2 فَسَبِّحْ بِحَمْدِ رَبِّكَ وَٱسْتَغْفِرْهُ
إِنَّهُۥ كَانَ تَوَّابًۢا 3

## سُورَةُ المَسَدِ

بِسْمِ ٱللَّهِ ٱلرَّحْمَـٰنِ ٱلرَّحِيمِ

تَبَّتْ يَدَآ أَبِى لَهَبٍ وَتَبَّ 1 مَآ أَغْنَىٰ عَنْهُ مَالُهُۥ وَمَا
كَسَبَ 2 سَيَصْلَىٰ نَارًا ذَاتَ لَهَبٍ 3 وَٱمْرَأَتُهُۥ حَمَّالَةَ
ٱلْحَطَبِ 4 فِى جِيدِهَا حَبْلٌ مِّن مَّسَدٍۭ 5

## سُورَةُ الإِخْلَاصِ

بِسۡمِ ٱللَّهِ ٱلرَّحۡمَٰنِ ٱلرَّحِيمِ

قُلۡ هُوَ ٱللَّهُ أَحَدٌ 1 ٱللَّهُ ٱلصَّمَدُ 2 لَمۡ يَلِدۡ
وَلَمۡ يُولَدۡ 3 وَلَمۡ يَكُن لَّهُۥ كُفُوًا أَحَدُۢ 4

## سُورَةُ الفَلَقِ

بِسۡمِ ٱللَّهِ ٱلرَّحۡمَٰنِ ٱلرَّحِيمِ

قُلۡ أَعُوذُ بِرَبِّ ٱلۡفَلَقِ 1 مِن شَرِّ مَا خَلَقَ 2 وَمِن شَرِّ
غَاسِقٍ إِذَا وَقَبَ 3 وَمِن شَرِّ ٱلنَّفَّٰثَٰتِ فِي ٱلۡعُقَدِ 4
وَمِن شَرِّ حَاسِدٍ إِذَا حَسَدَ 5

## سُورَةُ النَّاسِ

بِسۡمِ ٱللَّهِ ٱلرَّحۡمَٰنِ ٱلرَّحِيمِ

قُلۡ أَعُوذُ بِرَبِّ ٱلنَّاسِ 1 مَلِكِ ٱلنَّاسِ 2 إِلَٰهِ
ٱلنَّاسِ 3 مِن شَرِّ ٱلۡوَسۡوَاسِ ٱلۡخَنَّاسِ 4 ٱلَّذِي
يُوَسۡوِسُ فِي صُدُورِ ٱلنَّاسِ 5
مِنَ ٱلۡجِنَّةِ وَٱلنَّاسِ 6

# TABLE OF CONTENTS

# فهـرس الكتاب

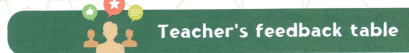

# Teacher's feedback table

| Date | Page Number | Teacher's notes |
| --- | --- | --- |
| | | |
| | | |
| | | |
| | | |
| | | |
| | | |
| | | |
| | | |
| | | |
| | | |
| | | |

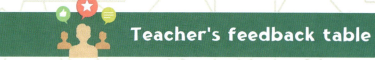

# Teacher's feedback table

| Date | Page Number | Teacher's notes |
|------|-------------|-----------------|
|      |             |                 |
|      |             |                 |
|      |             |                 |
|      |             |                 |
|      |             |                 |
|      |             |                 |
|      |             |                 |
|      |             |                 |
|      |             |                 |
|      |             |                 |
|      |             |                 |

# HOW TO SCAN THE QR CODES IN OUR BOOK?

CW01335775

**1.** Open the camera app.

**2.** Select the rear-facing camera in Photo or Camera mode.

SCAN ME

**3.** Center the QR code that you want to scan on the screen and hold your phone steady for a couple of seconds.

**4.** Tap the notification that pops up to open the link. (You will need to be connected to the internet to do this.)

# HOW TO REPORT ANY MISTAKE IN THE BOOK?

**IF YOU FIND ANY MISTAKE, HAVE ANY COMMENT OR QUESTION PLEASE CONTACT US ON ONE OF THE FOLLOWING :**

✉ **INFO@AZHARY.ORG**

 **(+44)744-214-9581**